Wilhelm Sigmund Teuffel

Über Sallustius und Tacitus

Wilhelm Sigmund Teuffel

Über Sallustius und Tacitus

ISBN/EAN: 9783744619257

Hergestellt in Europa, USA, Kanada, Australien, Japan

Cover: Foto ©Thomas Meinert / pixelio.de

Weitere Bücher finden Sie auf **www.hansebooks.com**

T O B E N

WELCHE

DIE PHILOSOPHISCHE FACULTÄT

DER

KÖNIGLICH WÜRTTEMBERGISCHEN EBERHARD-KARLS-UNIVERSITÄT

ZU TÜBINGEN

IM DECANATSJAHRE 1867—1868

ERNANNT HAT.

MIT EINER ABHANDLUNG

ÜBER SALLUSTIUS UND TACITUS

VON

Dr. WILHELM SIGMUND TEUFFEL,

ORDENTLICHEM PROFESSOR DER CLASSISCHEN PHILOLOGIE.

TÜBINGEN,

GEDRUCKT BEI LUDWIG FRIEDRICH FUES.

1868.

1. Agaangelos Lontópulos aus Patrà, Archidiakonus in Athen (Philosophie), 9 April 1867.

2. Ludwig Friedrich Hetsch aus Tübingen, Musikdirector in Manheim, honoris causa, 25 Mai 1867.

3. Johannes Wasmatzides aus Melenikos in Makedonien (alte Geschichte), 29 Mai.

4. Niketas Michalopulos aus Kalabrytà in Arkadien (classische Philologie), 29 Mai.

5. Georg Christoph Wetzel aus Stuttgart, Theol. cand. (Philosophie), 29 Mai.

6. Heinrich Khuen aus Rottweil, Theol. cand. (Geschichte), 20 Juli.

7. Wilhelm Herding, k. bairischer Studienlehrer, derzeit in Bern (classische Philologie), 20 Juli.

8. Johann Leonhard Ableiter aus Heidenheim, Lehramtscandidat (classische Philologie), 15 August.

9. Siegfried Goldschmidt aus Kassel (Sanskrit), 20 August.

10. Vincenz Knauer, Capitular der Abtei zu den Schotten in Wien (Philosophie), 20 August.

11. Julius Hartranft aus Böblingen, Theol. cand. (Philosophie), 30 Sept.

12. Carl Windheuser, Gymnasiallehrer in Neuss (classische Philologie), 23 October.

13. Abraham Levi, Reallehrer in Frankfurt a./M. (Philosophie), 6 November.

... ...
lologie), 12 December.

15. Gustav Bilfinger aus Stuttgart, Lehramtscandidat (classische Philologie), 16 December.

16. Hermann Kohn, Lehramtscandidat in Breslau (Geschichte), 12 Februar
1868.

17. Albert Bischoff, k. bairischer Studienlehrer in Fürth (Philosophie),
19 Februar 1868.

18. Johann Carl Lehmann aus Königsberg, Theol. cand. (Literaturgeschichte), 20 Februar.

19. Ernst Christian Wittich, Diakonus in Sulz (Philosophie), 5 März.

20. Friedrich Maier aus Stuttgart, Repetent am Gymnasium und der Real-
schule in Tübingen (classische Philologie), 5 März.

21. James R. Boise, Professor der griechischen Sprache und Literatur an
der Universität zu Chicago (classische Literatur), 19 März.

22. Adolf Sidon aus Tyrnau, Rabbinatscandidat (Philosophie), 21 März.

23. Anton Philipp Jonas, ordentlicher Lehrer an der Stralauer höhern
Bürgerschule zu Berlin (Philosophie), 23 März.

C. Sallustius Crispus.

I. Leben und persönlicher Charakter.

1. Geboren zu Amiternum im Sabinischen am 1 October 668 = 86 v. Chr. schwamm Sallustius in seiner Jugend, sich selbst überlassen, geraume Zeit mit den Wellen der Weltstadt und scheint es in schrankenloser Genusssucht den Tollesten gleichgethan zu haben. Aus solchem Anlass mit Milo verfeindet, trat Sallust im Jahr 702 als Volkstribun diesem entgegen. Im Jahr 704 von dem pompejanisch gesinnten Censor Appius Claudius Pulcher, wahrscheinlich aus politischen Parteigründen, aus dem Senate gestossen und in seinen Vermögensverhältnissen zerrüttet, schloss sich Sallust nur um so enger an Caesar an und wurde von diesem, als er im Jahr 705 offen die Fahne des Bürgerkriegs aufgepflanzt hatte, zum Quästor ernannt und damit wieder in den Senat eingeführt. Seine kriegerischen Leistungen auf Seiten Caesars in Illyrien und Africa waren keineswegs hervorragend; um so eifriger aber benützte er die Gelegenheit welche ihm Caesar bot als Statthalter Numidiens (J. 707 f.) sich finanziell zu erholen. Seitdem lebte er zu Rom in glänzenden Verhältnissen. Nach Caesar's Ermordung zog sich Sallust vom politischen Schauplatze völlig zurück und widmete sich der Schriftstellerei. Er starb am 13 Mai 720 d. St. 34 v. Chr., in seinem 52sten Lebensjahre.

1. Der Hauptname hat jedenfalls ein langes a (Hor. S. I, 2, 48. O. II, 2, 3), wie auch salus, dessen Stamm vollständig salv lautet (G. Curtius griech. Etymol. S. 333), ursprünglich ein solches hat; vgl. den Saturnier bei Varro: terrá pestém tenéto, sálus hic manéto. Da man in der Zeit des Geschichtschreibers längst allgemein die Consonanten geminierte, so wird auch er seinen Namen mit dóppeltem l geschrieben haben; auch überwiegt in den Inschriften diese Schreibung so sehr dass z. B. in Mommsens I. R. N. sich 12 Sallustii und 4 Sallustiæ, dagegen nur 1 Salustius, 1 Salystia und keine Salustia vorfindet. Bei Horaz haben S. I, 2, 48 die Hdss. Salustius, O. II, 2, 3 aber die des neunten

eitae zu haben.

2. Hieronymus in seiner Übersetzung von Euseb. chron. ad a. Abraml 1910 = Ol. 173, 2 (der codex Freherianus aber erst zu 1981 = Ol. 178, 3) aus Sueton's Werk de viris illustribus: Sallustius Crispus scribtor historicus in Sabinis Amiterni nascitur. Chron. pasch. I. p. 347, 11 (wohl aus Phlegon's Ὀλυμπιονικῶν καὶ χρονικῶν ἀναγραφή): ὀλυμπιάδι ροβ' β' (172, 2), ὑπάτων Μαρίου τὸ ζ' καὶ Κίννα τὸ β' (J. 668 d. St.; die unrichtige Olympiadenangabe in Folge der Auslassung von vier Consulpaaren, s. Fischer, römische Zeittafeln S. 182 f.). Σαλούστιος ἐγεννήθη καλάνδαις ὀκτωβρίαις. Das Todesjahr bei Hieronymus ad a. Abr. 1981 = Ol. 186, 1: Sallustius diem obiit quadriennio ante actiacum bellum. Chron. pasch. I. p. 359, 10 (aber, in Folge derselben Auslassung, zum J. 715 d. St., ὑπάτων Κηνσωρίνου καὶ Σαβίνου): Σαλούστιος ἀπέθανε πρὸ τριῶν ἰδῶν μαΐων. Vgl. Fischer a. a. O. S. 364.

3. Gell. N. A. XVII, 18: M. Varro.. in libro quem [in]scripsit „Pius aut de pace" C. Sallustium scriptorem seriae illius et severae orationis, in cuius historia notiones censorias fieri atque exerceri videmus, in adulterio deprehensum ab Annio Milone loris bene caesum dicit et, cum dedisset pecuniam, dimissum. Vgl. Porphyrio zu Hor. S. I, 2, 41: hoc de C. Sallustio videtur dici, qui deprehensus ab Annio Milone in adulterio Faustae, Sullae Felicis filiae, uxoris eius, flagellis caesus est. Acro fügt bei: quem Asconius Pedianus in vita eius significat. Serv. zu Aen. VI, 612 ob adulterium caesi: Si occisi, Aegisthum significat Thyestae filium, si re vera caesi, Sallustium, quem Milo deprehensit sub servili habitu verberavit in adulterio suae uxoris [Faustae,] filiae Sullae. Dem entsprechend malt der Declamator von dem die responsio in Sallustium herrührt in seiner Weise c. 5 aus qualem adolescentiam egerit. Sicherlich war seine adolescentia liberior, mindestens in dem Sinne wie es Cicero, pro Caelio 18, 42 ausführt. Zu solcher Lebensweise stimmt auch sonstige Verschwendung; vgl. Porphyrio zu Hor. S. I, 1, 102: huius (des berüchtigten Schlemmer's Nomentanus) libertum, Damam nomine, Caius Sallustius Crispus historiarum scriptor fertur centenis milibus annuis conductum habuisse. Daher hat auch innere Wahrscheinlichkeit die Angabe der responsio c. 5: domum paternam vivo patre turpissime venalem habuit, vendidit. Später abiit in sodalicium sacrilegii Nigidiani: bis ad iudicis subsellia attractus extrema fortuna stetit et ita discessit ut non hic innocens esse, sed iudices peierasse existimarentur (ib.). Primum honorem in quaestura adeptus bezeigte er so wenig Achtung vor dem Senat dass er in demselben offen confessus est adulterium (ib.). Darauf bezieht sich wohl Acro zu Hor. S. I, 2, 47: tanto ardore fertur Sallustius in libertinas quanto moechus in matronas. ipsi enim Sallustio in senatu a censoribus hoc obiectum est. tum ille non matronarum, sed libertinarum sectatorem esse se testatus est et ideo senatu pulsus est, quod excusat idem in Catilinae libello (Catil. 3, 3: ego adulescentulus initio sicuti plerique studio ad remp. latus sum, ibique mihi multa advorsa fuere u. s. w.). Über sein Volkstribunat Ascon. zur Milon. p. 38 Or.: inter primos et Q. Pompeius et C. Sallustius

et T. ██████████, tribunal ███████, inimicissimus contiones de Milone habuisset (J. 702),
██████████ für Cicerone, quod Milonem tanto studio defenderet... Postea Pompeius
██████████ in suspicione fuisset, in gratiam rediisse cum Milone ac Cicerone. Bei seiner
██████████ aus dem Senat durch die Censoren des J. 704, Ap. Claudius und L. Piso
██████████ c. 6), mochte sein Lebenswandel den Vorwand abgeben, der eigentliche Grund
██████████ aber wohl ein politischer. Denn der unmittelbare Urheber davon, Κλαύδιος ό Ἄππιος,
██ τοῦ Πομπηίου ἐφεῖτο und Piso ἐκείνῳ οὐκ ἀντέφραξε πάντας μὲν τοὺς ἐκ τῶν ἐπιλαν-
θάνων, συχνοὺς δὲ καὶ τῶν πάνυ γενναίων, ἄλλους τε καὶ τὸν Κρίσπον τὸν Σαλούστιον, τὸν
τὴν ἱστορίαν συγγράψαντα, ἀπελάσαντι ἐκ τοῦ συνεδρίου (Dio XL, 63).

4. Thätigkeit im Dienste Caesars. Responsio c. 6: in ea te castra coniecisti quo
omnia sentina reip. confluxerat. Caesar verwandte ihn zuerst in Dalmatien, wo er (J. 705)
eine Legion befehligte (Oros. VI, 15. p. 416 Hav.), aber das Loos aller dortigen caesaria-
nischen Befehlshaber theilte, von den Pompejanern M. Octavius und L. Scribonius Libo
geschlagen zu werden (Oros. l. l. vgl. Dio XLI, 40). Als Caesar, nach Unterwerfung Spa-
niens, Dictator geworden war (J. 705) setzte er die Verbannten in ihre Rechte wieder ein;
und wohl damals verlieh er dem Sallust, durch Übertragung der Quästur, wieder Sitz im
Senate. Vgl. Respons. 6: idem Sallustius, .. postea quam resp. armis oppressa est et idem
victores qui exsules reduxit, in senatum post (vielmehr per; vgl. ib. 8: bis senatorem
et bis quaestorem fieri) quaesturam reductus est. quem honorem ita gessit ut nihil in eo
non venale habuerit cuius aliquis emtor fuerit. Diess war wohl während des Jahrs 706
d. St. Nach der Schlacht bei Pharsalos (9 August 706) begab sich die Mehrzahl der
Pompejaner nach Africa, um dort in Verbindung mit Juba den Krieg fortzusetzen. Die
Legionen Caesars sollten dorthin von Campanien aus übergeführt werden, weigerten sich
aber (Jahr 707) dessen und verlangten Erfüllung der ihnen gemachten Zusagen. Sallust, der indessen zum Prätor vorgerückt war, wurde an sie abgesandt, um sie zu be-
schwichtigen, machte aber schlechte Geschäfte. Dio XLII, 52: οὗτοι οὖν τόν τε Σαλούστιον παρ' ὀλίγον ἀπέκτειναν — στρατηγὸς γὰρ ἐπὶ τῷ τὴν βουλὴν ἀναλαβεῖν ἀπεδέδεικτο
(genauer die responsio c. 6 f.) — καὶ ἐπειδὴ καὶ ἐκεῖνος διαφυγὼν αὐτοὺς ἐς τὴν Ῥώμην
πρὸς τὸν Καίσαρα ὥρμησε, τὰ γιγνόμενά οἱ δηλώσων, ἐφέσποντο αὐτῷ συχνοί. Vgl.
Appian. b. c. II, 92: περὶ τῶνδε Σαλούστιον Κρίσπον πεμφθέντα πρὸς αὐτοὺς ὀλίγου καὶ
διέφθειραν, εἰ μὴ διέφυγε. Diess war es wohl was Caesar J. 707 Sallustio ignovit. is venit
ut legiones in Siciliam traduceret (Cic. ad Att. XI, 20, 2). Als sodann Caesar nach Africa
übergesetzt hatte C. Sallustium Crispum praetorem ad Cercinam insulam versus, quam ad-
versarii tenebant, cum parte navium ire iubet, quod ibi magnum numerum frumenti esse
audiebat (bell. afr. 8). Cuius adventu C. Decimius quaestorius, qui ibi.. praeerat commeatui,
.. se fugae commendat. Sallustius interim praetor a Cercinitanis receptus, magno numero
frumenti invento, naves onerarias, quarum ibi satis magna copia fuit, complet atque in
castra ad Caesarem mittit (ib. 34). Bald nach dem Siege bei Thapsus (6 April 708) ver-
liess Caesar Africa wieder (13 Juni 708), ex regno (Iubae) provincia facta atque ibi Crispo

lactus est .. ita provinciam vastavit ut nihil neque passi sint neque expectarint graviter
sodii nostri in bello quam experti sunt in pace, hoc Africam interiorem obtinente, unde
tantum hic exhausit quantum potuit aut fide nominum transici aut in naves contrudi.
.. ne cassam diceret, sestertio duodecies cum Caesare paciscitur, wahrscheinlich unter der
Form eines Kaufes der villa Tiburtina Caesaris. Jedenfalls ist richtig dass er nach seiner
Rückkunft hortos pretiosissimos (die berühmten horti Sallustiani, s. Anm. 5), villam Tiburti
G. Caesaris, reliquas possessiones paravit (Resp. 7).

5. Die Angabe des Hieronymus (adv. Iovin. I, 48. = T. II, 1. p. 316 Vallars.),
die geschiedene Gattin des Cicero, Terentia, habe in zweiter Ehe den Sallust, in dritter
dem Messala Corvinus zum Manne gehabt, steht vereinzelt und beruht vielleicht auf einer
Erfindung der Rhetorschulen, die es pikant fanden die Geschiedene zuerst dem Feinde des
Cicero und dann (freilich wenig jung mehr) dem Erben von dessen Beredtsamkeit in der augusteischen Zeit zur Frau zu geben (vgl. Hieronym. l. l.: illa interim uxor egregia .. nupsit
Sallustio inimico eius et tertio Messalae Corvino et quasi per quosdam gradus eloquentiae
devoluta est). Jedenfalls hatte Sallust keine Kinder, da er den Enkel seiner Schwester
adoptierte (Tac. A. III, 30). — Die horti Sallustiani waren von grosser Ausdehnung und er-
streckten sich im Nordosten Roms vom Quirinalis bis zum Mons Pincius (zwischen der porta
Pinciana und der porta Salaria). Vgl. Tac. Hist. III, 82. L. Urlichs in der Beschreibung
der Stadt Rom III, 2. S. 379 ff. W. A. Becker, Handbuch der röm. Alterthümer I. S. 583.
Sie waren später ein Lieblingsaufenthalt Vespasians (Dio LXVI, 10) und Aurelians (Vopisc.
Aurel. 49). Das dazu gehörige Haus an der porta Salaria wurde bei der Einnahme Roms
durch Alarich (J. 410) niedergebrannt, und noch Prokopios sah die Trümmer davon (bell.
Vand. I, 2: τὰς οἰκίας ἐνέπρησαν αἳ τῆς πύλης ἄγχιστα ἦσαν. ἐν αἷς ἦν καὶ ἡ Σαλουστίου
τοῦ Ῥωμαίοις τὸ παλαιὸν τὴν ἱστορίαν γράψαντος, ἥ τε τὸ πλεῖστον ἡμίκαυστος καὶ εἰς
ἐμὲ ἕστηκεν).

6. Igitur ubi animus ex multis miseriis atque periculis requievit et mihi reliquam
aetatem a rep. procul habendam decrevi etc. Sall. Cat. 4, 1. vgl. Jug. 4, 3. Sueton. gramm. 10
von Atejus Philologus: coluit postea familiarissime C. Sallustium et eo defuncto Asinium
Pollionem, quos historiam componere aggressos alterum breviario rerum omnium romanarum, ex quibus quas vellet eligeret, instruxit, alterum praeceptis de ratione scribendi. Aus
dieser Geschichtsübersicht hat dann Sallust einzelne Abschnitte die ihn besonders anzogen
herausgegriffen und monographisch behandelt; vgl. res gestas populi rom. carptim, ut quae-
que memoria digna videbantur, perscribere, Sall. Cat. 4, 2,

7. Dass bei Sallust Leben und Schrift nicht im Einklang seien ist eine alte Bemer-

kung, bald mehr, bald minder Gebrauch gemacht worden ist. Am lautesten ... Kehseiten von dieser überdrüssigen Verehrer des Q. Pompeius, von denen ... Lenius, der ... ergo patroni memoriam exstitit ... ..., quod eum (den Pompeium) ... probi, ... inverecundo (also als einen Tugend ...) scripsisset, ... lacoravit, ... laxaarum et kurchonecis et ... ... appellans et vita scriptisque monstrosam, praeterea priscorum Catonis ... ... incruditiosissimum furem (Sueton. gramm. 15). Aber nach der christliche Gellius (oben S. 2, A. 3) bemerkt dass man Vorkommnisse wie das im Hause des Milo nach dem streng aburteilenden Tone in den Schriften des Sallust nicht für möglich halten sollte, des Gellius Nachtreter, Macrobius, nennt deshalb (Sat. II, 8 = III, 13, 9) den Sallust gravissimus alienae luxuriae obiurgator et censor. Auch Symmachus lässt ihn in persönlicher Hinsicht fallen und bezeichnet ihn (Epist. V, 68) als einen scriptor stilo tantum probandum; nam morum eius damna non sinunt ut ab illo agendae vitae petatur auctoritas. Das Urteil des Lactantius (Inst. D. II, 12. p. 143 f. ed. Bip.: quod quidem non fugit hominem nequam Sallustium, qui ait: Cat. 1, 2. Recte, si ita vixisset ut locutus est, servivit enim foedissimis voluptatibus suamque ipse sententiam vitae pravitate dissolvit) ist in so fern ungerecht als die moralischen Äusserungen auf die Immoralitäten des Lebens erst nachfolgen, also nicht jene durch diese widerlegt werden können, sondern eher als Kundgebungen der gewonnenen besseren Einsicht und nachträglicher Reue aufgefasst werden müssen. Die Aufrichtigkeit dieser Sinnesänderung zu bezweifeln ist kein Grund vorhanden, wenn sie auch etwas spät eintrat, als Sallust die Früchte seiner Vergangenheit geborgen hatte und das Leben ihm nicht viel Weiteres bieten konnte als schriftstellerischen Ruhm. Eine Nachwirkung der eigenen Vergangenheit darf aber wohl gefunden werden in einem gewissen Pessimismus welchen der Geschichtschreiber verräth, einer Neigung minder edle Beweggründe bei den Handelnden vorauszusetzen, einem Anflug von Blasiertheit und Menschenverachtung. Vgl. auch J. W. Löbell, zur Beurteilung des Sallust, Breslau 1818.

II. Schriften.

1. Catilina oder de coniuratione Catilinæ, monographische Behandlung eines selbsterlebten Gegenstandes, des missglückten Versuches von L. Sergius Catilina eine politisch-sociale Revolution herbeizuführen (J. 690—692 d. St.). Der Stoff wird mehr nach literarischen als nach archivalischen Quellen dargestellt, mit unverkennbarem Streben nach Unparteilichkeit, doch ohne Verleugnung der persönlichen Sympathien des Verfassers. Die Behandlung ist eine pragmatisch-psychologische und rhetorische. Das Interesse des Geschichtschreibers ist vorzugsweise auf die handelnden Personen gerichtet, ihren Charakter, ihre Beweggründe, ihre Art zu denken, und zu deren Darlegung dienen namentlich die feinausgearbeiteten Reden welche ihnen Sallust in

den Mund legt. Dagegen die rein geschichtliche Seite ??? ??? ??? ??? Chronologische, ist dem Sallust weniger angelegen, und er ??? ??? ??? ??? Ungenauigkeiten. Die Anordnung ist weder gleichmäßig noch ??? ??? ??? xionen dringen sich fortwährend in den geschichtlichen Stoff ein. Die Darstellung ist knorrig und kantig und an bewussten Abweichungen vom gewöhnlichen Sprachgebrauche reicher als die späteren Schriften Sallust's.

1. Der Titel de coniuratione Catilinae aus Catil. 4, 3 (s. A. 2). Im Parisinus (Serb. 500) sec. X lautet er: Bellum Catilinarium. Quintilian. III, 8, 9: Sallustius in bello Iugurthino et Catilinae. Die Grammatiker citieren bald Sallustius in Catilina (z. B. Charis. I. p. 113 P. = 139, 22 K.), bald in Catilinario (so z. B. Priscian. XVIII. p. 1173 und 1210 P. = p. 292, 8 und p. 370 f. Htz.). Gell. IV, 15, 1: in Catilinae historia.

2. Dass die Schrift die erste Frucht der Musse des Sallust ist erhellt aus Catil. 4, 1 ff.: ubi animus.. requievit.. non fuit consilium socordia atque desidia bonum otium conterere.. sed.. statui res gestas populi rom... perscribere. .. Igitur de Catilinae coniuratione quam verissume potero (ebenso 18, 1) paucis absolvam. Dass die Abfassung nach dem Tode des Cato (708) und Caesar (710) erfolgte zeigt Cat. 53, 6: memoria mea ingenti virtute.. fuere viri duo, M. Cato et C. Caesar. Sie kann daher nicht vor 711 (die Herausgabe etwa 712) gesetzt werden. Vgl. R. Dietsch, quo tempore quoque consilio Sallustius Catilinam scripserit, Grimma 1856. 4.

3. Quellenbenützung. Th. Mommsen, im Hermes I (1866) S. 436 f.: Sallust hat die catilinarischen Reden Cicero's genauer studiert als die Senatsacten und durch jene sich zu Irrthümern verführen lassen. Er hat „ohne genaue Prüfung und nach ziemlich oberflächlicher Lesung insbesondere der ciceronischen Reden seine Darstellung (der catilinarischen Verschwörung) niedergeschrieben, sichtlich bemüht die Dinge in einen pragmatischen Zusammenhang zu bringen, aber ziemlich gleichgültig dagegen ob dieser Zusammenhang der wirkliche war oder nicht." Sachliche, namentlich chronologische, Ungenauigkeiten (bes. 18, 3. 31, 19. 42. 43, 1. 52, 10. 30, 7) hat der Darstellung des Sallust nachgewiesen W. Drumann, Gesch. Roms V. S. 393, A. 8. 448, A. 72. 450, A. 85, 484. 531, A. 64. Vgl. S. 567, A. 50. Gerlachs grössere Ausgabe II, 1. p. 201—207. H. Wirz, Catilina's und Cicero's Bewerbung u. s. w. (Zürich 1864) S. 32 ff. In der Behauptung von Irrthümern des Sallust vielfach zu weit gegangen ist E. Hagen, Untersuchungen über röm. Geschichte (Königsberg 1854), bes. S. 6 ff. Vgl. auch Madvig Opusc. ac. II. p. 348 f. Hanegraat, de temporum computatione in libro de coniuratione Catilinae, Zutphan. 1846. Plutarch hat die Schrift nicht gekannt und seine in Einzelheiten abweichende Darstellung wahrscheinlich aus Livius geschöpft; s. H. Peter in der Symb. philol. Bonn. S. 466.

4. Verhältniss zu Cicero. Sicher ist dass Cicero selbst mit der Art wie er in dem Schriftchen erwähnt wird sehr wenig zufrieden gewesen wäre. Er der aufrichtig gestand dass er einen wahren Durst nach Lob habe und über M. Brutus schreibt (ad Att.

XII. ... se einem ... malcumani putat quod scripserit ... ... dixit ... ? hätte in der gleichen Bezeichnung durch Sallust ... 25, 6 egregium ... novus) ... eine Bestätigung letzteren Urteils ... Aber eben die Unsterblichkeit wollt Cicero selbst seine Leistungen aus ... mochte Zeitgenossen, auch wenn sie ihm sonst nicht abgeneigt waren, unwill- ... dazu bestimmen in ihrem Theile sich auf das durch die Pflicht der Wahrheit unum- ... gebotene Mass der Anerkennung zu beschränken. Auf dieser Linie hat sich wie M. Brutus so auch Sallust gehalten. Er lässt den Caesar (Cat. 51, 19) von der diligentia clarissimi viri consulis sprechen und sagt selbst (26, 2) von Cicero: neque illi tamen ad covendum dolus aut aetatis deerant. Besondere Wärme spricht auch nicht aus der Art wie er (31, 6) über Cicero's erste catilinarische Rede sich ausdrückt (orationem habuit luou- lentam atque utilem reip., quam postea scriptam edidit), und wenn er (20, 9) dem Catilina die Worte in den Mund legt: quae quousque tandem patiemini, fortissumi viri? so wird diesen Anklang an den allbekannten Anfang jener Rede ein zeitgenössischer Leser witzig gefunden haben. Dass Sallust über die offiziellen Ehren- und Dankesbezeigungen für Cicero, sowie darüber dass Cato und Andere ihn pater patriae nannten Schweigen beob- achtet ist vom Standpunkte eines Historikers (im Unterschiede von einem Biographen) ganz gerechtfertigt; weniger dass er es versäumt die Schwierigkeiten hervorzuheben welche dem Consul der schlechte Wille seines Amtsgenossen und die Verzweigung der Verschwö- rung bis in den Senat hinein bereiten musste. Übrigens hat er es auch unterlassen jemals den Cicero zu tadeln, so manche Gelegenheit er dazu hatte, oder auf das Selbstlob anzu- spielen das Cicero sich wegen seines Consulats spendete, und begnügt sich das Verdienst desselben thatsächlich auf das rechte Mass zurückzuführen. Und so lässt sich Sallust's Haltung gegenüber von Cicero im Ganzen nur als tactvoll und eines Historikers würdig bezeichnen. Vgl. im Allgemeinen Drumann, Geschichte Roms V. S. 440—444. E. Hagen a. a. O. S. 7 f.

5. Weniger unbefangen ist das Verhältniss zu Caesar. Zwar trägt Th. Mommsen ohne Zweifel auch hier die Farben zu stark auf wenn er (R. G. III². S. 182 mit Anm.) den Catilina Sallust's als eine „Apologie" Caesars bezeichnet, eine „politische Tendenzschrift, welche sich bemüht die demokratische Partei, auf welcher ja die römische Monarchie beruht, zu Ehren zu bringen und Caesars Andenken von dem schwärzesten Fleck der darauf haftete zu reinigen, nebenher auch den Oheim des Triumvir M. Antonius möglichst weiss zu wa- schen." Vgl. dagegen C. Peter, Studien zur röm. Geschichte (Halle 1863) S. 108 ff. Indessen dass Sallust für Caesar entschiedene Vorliebe beweist (s. c. 18. 49. 53 f.) ist ebenso unleugbar als begreiflich.

6. Mit den Einleitungen will es in dem Schriftchen gar kein Ende nehmen: zuerst kommt hoch zu Ross eine philosophische (c. 1—4), die mit dem Verhältniss von Leib und Seele beginnt und mit dem Vorsatze sich der Kürze zu befleissen endigt; nachdem Sal- lust dann c. 5 mit der Schilderung Catilina's zur Sache übergegangen kehrt er, wie seine

munus sin historiam particularem principis rerum usu. Neutri tam bei Sallust die Vergleichung
mit Thukydides; nur dass dessen Einleitung sachgemäss ist; vgl. G. Linker, Sall. Hist.
procemium, Marburg 1850. Dietsch, in den Verhandl. der Stuttgarter Philologenversamm-
lung (Stuttg. 1857) S. 29 f. Auch etwa W. M. Pahl, de procemiis Sallustianis, Tübingen
1859. 4.

7. Literatur. Catilina, erklärt von J. Ch. W. Dahl (Braunschweig 1800. 2 Thle).
Übersetzt und erklärt v. Ch. G. Herzog, Leipzig 1828. Ed., illustr. Fr. Kritz, Lips. 1828. Er-
klärt v. R. Dietsch, Leipzig 1864. Übersetzt (mit dem lat. Texte) von C. Holzer, Stuttg. 1868.
Til Skolebrug bearb. af Fidiger, Kopenhagen 1854. C. W. Nauck, das Vorwort zur catil.
Verschwörung des Sallust übersetzt und erklärt, Königsberg in d. N. 1850. 4. Kviçala, Beiträge zur Erklärung von Sallust's Cat., in der Zeitschr. f. östreich. Gymn. 1863, S. 579
bis 626. Th. Wiedemann, über Sall. Cat. 27, 3—28, im Philologus XXII. S. 495—504.
Goudoever de loco Sall. in B. C. c. 18, Amsterdam 1847. Ottema, de loco Sall. (Cat. 27
bis 31) transpositione emendando, Leovard. s. a. Über den ganzen Stoff, Catilina und
seine Verschwörung, s. besonders W. Drumann, Gesch. Roms V. S. 377—577. W. Teuffel
in Pauly's Real-Enc. VI, 1. S. 1068—1074. E. Hagen, Untersuchungen über römische
Geschichte. I. Catilina. Königsberg 1854. 405 S. 8. Schuster, de Catilinaria coniuratione,
Landshut 1856. 4. H. Wirz, Catilina's und Cicero's Bewerbung um den Consulat für das
J. 63. Probe einer Kritik der Quellen über die catilinarische Verschwörung, Zürich 1864.

2. Iugurtha oder bellum iugurthinum, ein Stoff zu dessen Bearbeitung den
Sallust die Anschauung veranlassen mochte die er sich von dem Kriegsschauplatze
erworben hatte, noch mehr aber jedenfalls der Umstand dass er die beste Gelegenheit bot die Fehler der römischen Oligarchie und damit die Berechtigung der Demo-
kratie zur Anschauung zu bringen. Indessen geschieht diess keineswegs auf Kosten
der geschichtlichen Unparteilichkeit in Bezug auf Personen wie Sachen. Die vorhandenen Quellen scheinen vollständig und umsichtig benützt zu sein, obwohl
stellenweise die Kritik vermisst wird. Die Anlage ist gleichmässiger, die Ausdrucksweise glatter als im Catilina. Der Aufgabe eines geschichtlichen Kunstwerkes kommt
diese zweite Arbeit entschieden näher als jene erste. An individuell gehaltenen und
rhetorisch musterhaft durchgeführten Reden fehlt es auch hier nicht, ohne dass sie
aber zum erzählenden Theile ausser Verhältniss ständen.

... bei Quint. III, 8, 9 (s. e. 8. 8, Anm. 4), bei Gram-
... Prob. de ... p. 1480 P. = p. 256, 4 K.) und im ... Periochen
... Iugurthinum ... bei Pris... z. B. XIV, p. 994 P. = II. p. 46, 16
... p. 1185 P. = p. 816, 19 H. Ebenso Ps.Prob. de ... syll. p. 1482 P. =
... 24 K. Die abgekürzte Form Iugurtha s. B. bei Charis. II. p. 464 P. = 468, 14 K.
... Cathol. p. 1468 P. = p. 19, 88 K. Dass der erstere Titel der vom Schriftsteller selbst
... ist erhellt aus Iug. 5, 1: bellum scripturus sum quod populus rom. cum Iugurtha ..
gessit. Catilina und Iugurtha zusammen heissen, im Unterschiede von den Historiae, auch
Bella. So in der subscriptio des Vat. 3864: C. Crispi Sallusti orationes excerptae de Bellis
explicit feliciter. C. Crispi Sallusti orationes excerptae de Historiis incipit feliciter. Vgl.
Suidas v. Ζηνόβιος (unten S. 15, A. 1): τῶν καλουμένων Βελῶν.

2. Als Beweggrund zur Wahl dieses Gegenstandes gibt Sallust an (Iug. 5, 1):
primum quia magnum et atrox variaque victoria fuit, dehinc quia tunc primum superbiae
nobilitatis obviam itum est. Von der iugurthina coniuratio spricht auch Cicero, Brut.
33, 127. Der Kampf gegen die Nobilität kommt besonders in den Reden des Memmius
und des Marius zum Worte. Die Polemik gegen die potentia paucorum ist aber nicht dem
Iugurtha eigen; sie zieht sich durch alle Schriften Sallust's hindurch (Cat. 20, 7. 30, 4.
39, 1. 58, 11. Iug. 3, 3. 31, 20. 41, 7. 42, 1. or. Lep. 12. Macri 6) und war überhaupt das Schlagwort der demokratischen Partei ihren Gegnern gegenüber. So Caesar
selbst, b. c. I, 22: populum rom. paucorum factione oppressum; ib. 85: per paucos pro-
bati; der Caesarianer Hirtius, b. gall. VIII, 50: factio et potentia paucorum; auch Cicero,
in seiner demokratischen Periode, Verr. V, 48, 126: cum videamus ad paucos homines
omnes omnium nationum pecunias venire; ib. 127: paucorum cupiditati. Ebenso der ple-
bejische Consul P. Decius bei Liv. X, 24, 9: in paucorum potestatem vertantur. Zu dieser
Parteifärbung gehört auch die Vorliebe womit Marius gezeichnet ist; mit dem Ausblick
auf ihn, dessen Fortsetzer Caesar sein wollte, schliesst das Werk. Jedoch ist darum Sallust weder blind für des Marius Fehler (Iug. 63, 6) noch misst er ihm bei was lediglich
Sache des Glückes war (92, 2. 94, 6), oder stellt ihm zu Liebe die Angehörigen der
Nobilität (wie Metellus) oder den Sulla in Schatten.

3. Als Quellen nennt Sallust die libri punici qui regis Hiempsalis dicebantur,
die er sich übersetzen liess (17, 7), sowie beiläufig (95, 2) den L. Sisenna. Benützt zu
haben scheint er aber auch die Autobiographie des Sulla, dessen Person in den letzten
Partien in den Vordergrund tritt, wo die Erzählung auch vielfach eine Anschaulichkeit hat
die auf Autopsie schliessen lässt. Auch die Autobiographien des M. Scaurus und Rutilius
Rufus wird er benützt haben. Wo er auf streitige Fragen stösst entzieht sich der Geschichtschreiber der Entscheidung meist durch Wendungen wie non satis compertum habeo,
parum comperimus (z. B. 113, 1 vgl. 108, 3). Übrigens bieten die (freilich spärlichen)
Nachrichten anderer Schriftsteller über diesen Krieg keinerlei erhebliche Abweichung oder

— 18 —

Vervollständigung des Werkes (Gerlach II, 1. p. 336—341). Plutarch hat nach seiner Politik Sullas's nicht gekannt und seine Darstellung der jugurthinischen Kriege vorzugsweise aus den Memoiren Sulla's geschöpft; s. H. Peters ... Symposio ... Bonn. S. 465 f. Der africanische Aufenthalt Sallust's ist ohne erheblichen Einfluss geblieben. Weder ... sich die Ortsschilderungen durch besondere Anschaulichkeit aus noch sind die ethnographischen Angaben sehr treffend. Vielmehr enthält der Abriss der Quadlichte Adrias (c. 18), für welchen der Verfasser freilich nicht einstehen zu wollen erklärt (fidem ... rei penes auctores erit, 17 extr.), viel Abenteuerliches, z. B. (3): postquam in Hispania Hercules, sicuti Afri putant, interiit, exercitus eius.. dilabitur. (4.) ex eo numero Medi Persae et Armenii, navibus in Africam transvecti, proximos nostro mari locos occupavere. Ein anderes sachliches Versehen in c. 39, 2 hat Th. Mommsen nachgewiesen, Hermes I. S. 427 — 430.

4. Eine weitausholende Einleitung (c. 1—4) fehlt auch dieser Schrift nicht, und dieselbe bewegt sich sogar wesentlich in dem gleichen Kreise von Gedanken wie die zum Catilina. Daran reiht sich c. 5 ff. abermals eine allgemein geschichtliche Erörterung, und c. 41 f. geht wenigstens auf frühere Zeiten zurück. Einen Excurs über Afrika und seine Bewohner enthält c. 17 f., c. 79 die Episode von den Brüdern Philaenus. Unter den Reden bewundert Spartian. Sever. 21, 10 besonders divinam Sallusti orationem qua Micipsa filios ad pacem hortatur (c. 10). Längere Reden sind nur die von Adherbal im Senat (c. 14), von Memmius (c. 31) und von Marius (c. 85) in der Volksversammlung, namentlich die beiden letzten Meisterstücke politischer Beredtsamkeit. Vgl. Widmann, de Sall. Memmii oratione, Blaubeuren 1857. 4. In der Stilisierung des Jugurtha ist auffallend wie zahlreich die Wiederholungen derselben Ausdrücke und Wendungen sind, oft ziemlich ausführlicher, z. B. neque ab hoste copiam pugnandi fieri 52, 3 = 56, 1; formidine quasi vecordia 72, 2 = 99, 3. Ebenso sind viele Gedanken und Ausdrücke aus dem Catilina wiederholt, s. Fabri zu Iug. 80, 5 vgl. Dietsch zu Cat. 30, 4.

5. Jugurtha, grammatisch, kritisch und historisch erklärt von Ch. G. Herzog, Leipzig 1840. Erklärt von O. Gehlen, Regensburg 1862. Mit vollständigem Wörterbuch von O. Eichert, Breslau 1867. R. Dietsch, Observationes criticæ in S. Iug. partem extremam, Grimma 1845. 4.

3. Historiae in fünf Büchern, beginnend mit dem Todesjahre Sulla's (676 d. St. = 78 v. Chr.) und somit thatsächlich eine Fortsetzung des Geschichtswerkes von Sisenna. Die fünf Bücher umfassten einen Zeitraum von zwölf Jahren, ohne dass sicher ist ob diese Beschränkung eine absichtliche war oder durch den Tod des Verfassers herbeigeführt wurde. In dieser Erstreckung war das Werk eine Geschichte des Unterganges der sullanischen Einrichtungen und des Wiedererstarkens der demokratischen Partei, ohne dass aber dadurch die Unparteilichkeit des Verfassers mit

degen .... Willen beabsichtigt wurde. Die Anlage war die gleiche wie bei .... Schriften :: .... Einleitungen geschichts-philosophischen .... Inhaltes, Beobachtung von Reden und ausgearbeiteten Briefen. .... dass — vielleicht im zweiten christlichen Jahrhundert — die in den Ge- .... werken Sallust's vorkommenden Reden und Briefe für rhetorische Schulzwecke .... zusammengestellt wurden retteten sich auch aus den Historiæ vier Reden und zwei Briefe, während außerdem von den Historiæ nur Bruchstücke vorhanden sind.

1. Der Anfang des Werkes ist erhalten durch Rufin. de compos. p. 855 C. = Rhet. lat. min. ed. Halm p. 582: res populi rom. M. Lepido Q. Catulo coss. ac deinde militiæ et domi gestas composui. Den Vorsatz die Geschichte Sulla's nicht zu beschreiben spricht Sallust schon Iug. 95, 2 aus: neque enim alio loco de Sullæ rebus dicturi sumus. Hierin mochte ihn weniger der Umstand bestimmen dass diese schon von (Sulla selbst und von) Sisenna behandelt war, da Sallust an des Letzteren Werke die erforderliche Parrhesie vermisst (ib.: et L. Sisenna optume et diligentissume omnium qui eas res dixere persecutus parum mihi libero ore locutus videtur) als vielmehr die Schwierigkeit diesem Stoffe gegenüber die geschichtliche Unparteilichkeit zu bewahren die er sich zum Grundsatze gemacht hatte und die er auch im Eingang der Historiæ mit den Worten aussprach: neque me divorsa pars in civilibus armis movit a vero (Arusian. p. 248 Lind.). Über den Umfang der Historiæ s. Auson. Idyll. IV (ad nepotem Ausonium protrepticon), 61—65, wo Ausonius den Gedanken dass er mit seinem Enkel den Sallust lesen werde so ausführt: iam facinus, Catilina, tuum Lepidique tumultum, ab Lepido et Catulo iam res et tempora Romæ orsus bis senos seriem connecto per annos. iam lego civili mistum Mavorte duellum quod socio Sertorius exsul Ibero. Wirklich ist in den erhaltenen Überresten der Historiæ nichts was mit Sicherheit über das Jahr 687 d. St. hinaus und namentlich auf das J. 688 hinwiese, in welchem Pompejus die Führung des mithridatischen Krieges übertragen erhielt. Dass Sallust dort absichtlich abgebrochen habe ist nicht sehr wahrscheinlich, da er die Führung des Seeräuberkrieges durch Pompejus (Jahr 687) zu beschreiben erweislich nicht unterlassen hat. Die Benützung der Historiæ durch Plutarch (im Leben des Sulla, besonders aber dem des Sertorius, Lucullus, Crassus, Pompeius) hat näher erörtert H. Peter in der Symbola philolog. Bonn. S. 457—466.

2. Die ganze rhetorische Sammlung (von Orelli Eclogæ Sallustianæ genannt), wie sie uns hauptsächlich durch den Vaticanus 3864 sæc. X erhalten ist, umfasste fünfzehn Reden und sechs Briefe (H. Jordan, Rhein. Mus. XVIII. S. 585). Von diesen fallen auf die Historiæ vier Reden und zwei Briefe. Die erstern sind die Reden Lepidi cos. ad populum rom. (in Orelli's hist. crit. ecl. p. 23—30, und bei H. Jordan a. a. O. S. 590—598. A. Fabricius, de M. Lepidi apud Sall. oratione, Moskau 1848), Philippi in senatu, C. Cottæ ad pop. rom., Macri tr. pl. ad plebem; Briefe die epistula Cn. Pompei ad senatum

historia critica eclogarum ex Sallustii Historiarum fragmentis, Zürich 1833. 8. (bes. p. 19 bis 20). R. Klotz, über die Reden und Briefe aus des S. Historien, Leipzig 1849. H. Jordan, die (handschriftliche) Überlieferung der Reden und Briefe aus Sallust's Historien, a. a. O. S. 584—593. Durch diesen Aufsatz von H. Jordan ist erwiesen dass der zweite und dritte Vaticanus für diese eclogae nur Abschriften des ersten (Vat. 3864) sind, gemacht im 15ten Jahrhundert, als im A (Vat. 3864) auf der letzten Seite Zeilenschlüsse schon verklebt waren, und dass höchst wahrscheinlich auch alle andern Handschriften welche jene eclogae enthalten (insbesondere der Vat. 3 Bongarsii) aus derselben Quelle stammen und somit keinen selbständigen Werth haben.

3. Unter den Fragmenten ist besonders bemerkenswerth das von G. H. Pertz aufgefundene (fragmentum Berolinense), auf das J. 681 sich beziehend, von Pertz und Andern zuerst dem Livius (Buch 94 oder 95, Pertz irrthümlich dem 98) zugetheilt, jetzt aber, nach dem Vorgange von Th. Bergk (Ztschr. f. d. Alt. Wiss. 1848, S. 880), C. L. Roth (Rhein. Mus. VIII. S. 433—440. IX. S. 630), Heerwagen u. A., allgemein dem zweiten Buche der Historiæ des Sallust zugewiesen. Vgl. J. Th. Kreyssig, Epistola ad Fr. Kritzium de C. Sall. Cr. Historiarum libr. II reliquiis ex palimpsesto Toletano erutis, Meissen 1852. Dem dritten Buche gehören die im cod. Vaticanus erhaltenen Überreste an, die sich auf den Krieg gegen Spartacus beziehen, neuerdings herausgegeben von A. Mai in den Class. auct. I. p. 414—425 und danach von Kreyssig (Meissen 1830 und iterum 1835). Vgl. auch Kreyssig, Hist. libri III fragmenta denuo ed. illustr., Schneeberg 1811; und de Sall. Hist. libri III fragmentis ex bibl. Christin. in Vatican. translatis, I. Meissen 1828. 4. Nur diese Reliquiæ Berolinenses und Vaticanæ finden sich (ausser den Reden und Briefen) in der Sallust-Ausgabe von H. Jordan (Berol. 1866) p. 124—128.

4. Sammlung der Überreste der Historiæ (früher in willkürlicher Ordnung durch Ch. de Brosses, s. Fr. Kritz, de Sallustii fragmentis a De Brossio digestis, Erfurt 1829. 4.) in den Ausgaben des Sallust von Orelli, von Gerlach (zuletzt Basil. 1852, p. 205—248, und ohne Nachweis der Provenienz in seiner Textausgabe, Lipsiæ Tauchn. 1856. p. 110 bis 128), am besten von Fr. Kritz, Sall. Historiarum fragmenta pleniora, emendatiora et novo ordine disposita suisque commentariis illustrata edidit et indices accuratos adiecit. accedit codicis Vaticani et palimpsesti Toletani exemplum lapidi inscriptum. Lipsiæ (Teubner) 1853. 428 pp. Vgl. Fr. Kritz, die Fragmente des Sall. neu geordnet und erklärt (aus den wissenschaftlichen Berichten der Erfurter Akademie), Erfurt 1856. R. Klotz in Jahn's

— 78 —

Jahrb. LXXIII. S. 711—715. J. Mähly, ebd. LXXVII. S. 78—80. Nachträge von ..... (Rhein. Mus. XVIII. S. 478 f.) und H. Usener (de schol. Hor. p. XXX f. ..... Mus. XIX. S. 147 f.). Auch s. G. Linker, Sallustii Hist. prooemium e reliquiis ..... aetatem tulerunt restituere tentavit, Marburg 1850. 89 pp. 8. J. G. Schlimmer, Syrus. hist. continens historiae rerum gestarum quas in deperditis Historiarum libris explicuit Sallustius partem priorem. Diss. inaug. Utrecht 1860. VIII und 120 pp. 8. Die Reden und Briefe Sall., erklärt und übersetzt von O. Gehlen, Wien 1865.

4. Ausser diesen unzweifelhaft echten Schriften wurden dem Sallust einige auch fälschlich zugeschrieben, nämlich

a) zwei Briefe ad Caesarem senem de republica. Der erste fordert energisch innere Reformen. Der zweite, weitschweifige, macht allerlei unpraktische Vorschläge und ertheilt schliesslich dem Caesar den dringenden Rath die Republik wiederherzustellen. Die in diesen Briefen erwähnten geschichtlichen Thatsachen sind theils trivial, theils unrichtig; die Ausdrucksweise affectiert in Äusserlichkeiten sallustische Färbung. Die Entstehung fällt vielleicht in die Zeit des Fonto; jedenfalls kann von sallustischem Ursprung keine Rede sein.

b) Invectiva Sallustii in Ciceronem und Ciceronis in Sallustium responsio. Beide wollen im Senat, die erstere nach Caesars Sieg gehalten sein, und diese hebt mit grosser Bitterkeit hauptsächlich Cicero's politischen Wankelmut und sein Verfahren gegen die Catilinarier hervor, könnte daher noch bei Cicero's Lebzeiten von einem politischen Gegner desselben verfasst sein. Die responsio ist jedenfalls später, auch ausführlicher und declamatorischer; doch muss sie noch aus dem Anfange der Kaiserzeit sein (etwa aus der augusteischen Zeit), da sie manche sonst nicht bekannte und innerlich glaubhafte Nachrichten enthält, auch eine energisch anticaesarische Gesinnung bekundet.

1. Von den Briefen versetzt sich der erste mit Lebhaftigkeit in die Zeit Caesars, verräth aber doch durch einige Gedanken den Gesichtskreis der Kaiserzeit. So 1, 5: plerique rerum potentes perverse consulunt et eo se munitiores putant quo illi quibus imperitant nequiores fuere. 3, 2: cuncta imperia crudelia magis acerba quam diuturna arbitror, neque quemquam multis metuendum esse quin ad eum ex multis formido recidat: eam vitam bellum aeternum et anceps gerere, quoniam neque adversus neque ab tergo aut lateribus tutus sis, semper in periculo aut metu agites. Derbe Charakteristik eines grossen Theils des Anhanges von Caesar 2, 5 f. 4, 3 f. 8, 2. Mahnung Caesars zur Milde (3, 3 ff.) und zum Erlass von Verfügungen gegen Verschwendung und Schuldenmachen (5, 4 ff.). Diess wird in unpraktischer Weise dahin bestimmt, er solle pecuniae usum atque decus demere

Sallust's stärker angetragen als im ersten. Die Darstellung ist gedehnt durch Einleitungen (1 f. 3 f.) und allerlei weise Sprüche und Beispiele aus der Zeit der Republik, so dass Umfang und Inhalt zu einander in Missverhältniss stehen. 13, 1 ff. wird eine ciceronische Reminiscenz ungeschickt angebracht (quodsi tecum patria atque parentes possent loqui etc.) Den Pompejanern werden alle mögliche Greuel nachgesagt (4, 2). Die Vorschläge sind: Absendung gemischter Colonien (aus alten und neuen Bürgern 5, 7 f.), Hebung der Sittlichkeit (c. 7), besonders Beseitigung des studium pecuniæ (7, 3 = I, 7, 3), Wahl der Behörden durch die vom Loose geordneten fünf Classen (c. 8), Vermehrung des Senats und geheime Abstimmung darin (c. 11), letztere offenbar wieder den Schriftsteller der Kaiserzeit verrathend; Besetzung der Gerichte aus allen Angehörigen der ersten Classe (7, 11. 12, 1), Herstellung der Republik und libertas, widrigenfalls dem Caesar mit allen Schrecken des Gewissens gedroht wird (12, 4 ff. vgl. 13, 3). Den Stubengelehrten verräth auch die Wendung 5, 1: in duas partes ego civitatem divisam arbitror, sicut a maioribus accepi, in patres et plebem. 9, 2 stimmt wörtlich mit Invect. 3, 2. Beiden Briefen gemeinsam ist eine sallustisch sein sollende überarchaistische Orthographie. Eigentliche Gründe aber für die Annahme dass beide Briefe von demselben Verfasser seien sind unseres Wissens nicht vorhanden; vielmehr scheinen beide selbständige Bearbeitungen des gleichen Schulthemas von verschiedenem Standpunkte und durch verschiedenartige Individualitäten. Für Verschiedenheit der Verfasser stimmt auch Gerlach II. p. 17; H. Jordan dagegen (ed. p. VI) für einen, und diesen setzt Orelli (hist. crit. p. 11) in die Zeit des Fronto, wo Sallust in der Mode war. A. Haakh, welcher vor 25 Jahren in Pauly's Real-Enc. II. S. 1214, Anm. erklärt hat: „die Authentie dieser Briefe werde ich an einem andern Orte nachzuweisen versuchen", hat diesen Versuch meines unternommen.

2. Die Invectiva gegen Cicero ist kurz, bitter, plump und roh und in dem was über Cicero's Privatleben gesagt wird offen verleumderisch. Trotz ihrer Kürze fehlt es ihr nicht an Wiederholungen (1, 4 = 3, 2. 2, 3 = 4, 1). Besonders ergrimmt ist der Verfasser über Cicero's Verfahren gegen die Catilinarier, so dass die Vermutung Wahrscheinlichkeit hat der Verfasser sei einer der Letzteren. Denn nach Ascon. p. 95 (Or.) feruntur orationes nomine illorum (des Catilina und des Antonius) editæ, non ab ipsis scriptæ, sed a Ciceronis obtrectatoribus. So gab es eine angebliche Rede des C. Antonius, in toga candida gegen Cicero gehalten, an deren Echtheit Quintilian (I. O. IX, 3, 94) glaubte. Quintilian kannte jedenfalls die Invectiva bereits. Ist bei ihm auch IV, 1, 68 (wo der Anfang der Invectiva berücksichtigt wird) schon als Interpolation verdächtigt worden (und IX, 3, 89 nicht nachweisbar), so ist doch wohl XI, 1, 24 eine Hindeutung auf diese Rede. Bei Serv. Ae.

— 15 —

VI, ... fehlen die Worte: quod convicium a Sallustio, Ciceronis inimico, natum est, qui ... inquit „filia matris ..." (Invect. 2, 1) in einem Theile der Handschriften. Die ...ponsio lässt es zwar auch nicht an Schimpfereien fehlen (z. B. 1, 7: nihil ... ut luxulentus sus cum quovis volutari), bringt aber doch viel mehr Thatsächliches bei. ... Diomedes I. p. 382 P. = 387, 6 (Didius ait de Sallustio „comesto patrimonio") auf Respons. 7, 4 (patrimonio non comeso sed devorato) zuzutreffen scheint, so haben Gerlach (Ed. 1852, p. XXVIII) und E. Wölfflin (Philologus XVII. S. 347) den Didius für den Verfasser der Responsio erklärt; G. Linker (Sallust. Hist. prooem. p. 90) vermutet unter demselben den M. Epidius der nach Suet. rhet. 4 ludum dicendi aperuit docuitque inter ceteros M. Antonium et Augustum. Cassius Dio scheint (besonders wegen XLIII, 9 vgl. Resp. 7 und oben S. 4, A. 4) die Responsio gekannt und benützt zu haben (Wilmans de fontibus Dionis p. 36—39). Vgl. im Allgemeinen Corradi Quæstura p. 85—128 und die Programme über diese Reden von Ch. G. Herzog, Gera 1834 ff. 4.

5. Die Werke des Sallust fanden schon frühzeitig Erklärer und Übersetzer. Auch sind von denselben zahlreiche Handschriften auf uns gekommen, die bei den Bella in zwei Classen zerfallen, von denen die ältere den besseren Text bietet, die jüngere zwar vielfach interpoliert ist, aber im Jugurtha eine grössere Lücke welche die erste Classe hat ausfüllt. Auch die Zahl der neueren Ausgaben und Bearbeitungen ist sehr gross.

1. Suidas v. Ζηνόβιος (p. 722 Bernh.): Ζηνόβιος σοφιστὴς παιδεύσας ἐπὶ Ἀδριανοῦ Καίσαρος ἔγραψε.. μετάφρασιν ἑλληνικῶς τῶν Ἱστοριῶν Σαλουστίου τοῦ ῥωμαϊκοῦ ἱστορικοῦ τῶν καλουμένων Βελῶν. Jo. Lydus de mag. III, 8. p. 201 Bk.: οἱ δὲ νομεν-κλάτορες, ὥς φησιν ὁ Αἰμίλιος ἐν τῷ ὑπομνήματι τῶν Σαλλουστίου ἱστοριῶν, ὀνομασταὶ καὶ ἀναφωνῆται τῶν τογάτων.. εἰσίν, wo es fraglich bleibt ob ἱστοριῶν als Titel gemeint ist (Historiæ) oder als allgemeine Bezeichnung von Geschichtswerken. Höchst wahrscheinlich aber ist dieser Αἰμίλιος der bekannte Grammatiker Aemilius Asper (Pauly's Real-Enc. I, 1. S. 376 f. Nr. 14), da Asper wiederholt als Commentator des Sallust genannt wird; s. Hieronym. apol. adv. Rufin. I. = IV, 1. p. 367 Bened.: Aspri in Vergilium et Sallu-stium commentarios. Vgl. Charis. p. 177. 187. 191 f. P. = p. 196, 22 f. 209, 6. 215, 6. 216, 25. 28 (Asper commentario Sallustii historiarum I) ed. Keil. Ein anderer Com-mentator war Statilius Maximus (wahrscheinlich im zweiten christlichen Jahrhundert; vgl. Pauly's Real-Enc. VI, 1. S. 1403, Nr. 21); s. Charis. p. 176 P. = p. 196, 4. K. Über die Citate aus Sallust bei Grammatikern und Rhetoren vgl. E. Brentano, de Sall. codicibus (1864) p. 28—35.

2. Über die Handschriften der Reden und Briefe aus den Geschichtswerken des Sallust s. o. S. 12, A. 2. Von den Bella ist der beste Vertreter der älteren (meist aus dem 10ten Jahrhundert stammenden) Classe, welche Iug. 103, 2 bis 112, 3 eine Lücke hat,

Stellen (besonders Cat. 6, 2. Iug. 21, 4. 44, 5) Worte enthalten die durch den Sinn oder anderweitige Zeugnisse als echt erwiesen werden, in den übrigen Handschriften aber fehlen. Die Zahl dieser Handschriften der dritten Classe ist nicht gross und keine älter als aus dem 14ten Jahrhundert. Es scheint dabei eine Urhandschrift angenommen werden zu müssen worin die betr. Worte ursprünglich übersehen, dann auf dem Rande oder zwischen den Zeilen nachgetragen und hier von dem einen Abschreiber ignoriert, von dem andern aber in den Text aufgenommen wurden. Jene grosse Lücke im Jugurtha aber ist in einigen Handschriften auch der ersten Classe nachträglich, nach Wiederauffindung einer vollständigeren (aber corrupten) Handschrift, oder der früher verlorenen Blätter, durch die gleiche Hand ausgefüllt und der Abschnitt am Schlusse angefügt worden. Über das Nähere hinsichtlich des Verhältnisses der zwei Classen zu einander sind abweichende Vermutungen aufgestellt worden von C. L. Roth (Andeutungen über Handschriftenfamilien Sallust's, Rhein. Mus. N. F. IX. S. 129—135 nebst S. 638 f.), R. Dietsch (Ausgabe von 1859), E. Wölfflin (Philologus XVII. S. 154—159. 519—548 und dagegen E. Brentano, de C. Sallustii Crispi codicibus recensendis, Frankfurt 1864. p. 2 ff.), H. Jordan (über Vat. 3864, im Hermes I. S. 231—240; über cod. Nazarianus, ebds. S. 240 ff.; vgl. desselben Ausgabe von 1866, p. IV). Sonstige Beiträge aus Handschriften: Thorlacius, III codd. pergam. descr., Kopenhagen 1815. 4. Birnbaum, spec. lectt. Sall. e codd. Trevirens., Trier 1822. 4. Bojesen, de duobus codd. Sall. Havniensibus, Kopenh. 1847. Gutenäcker, Variae lectt. ex III codd. mss. Würzburg 1837. 1839. 4. Collation einer Handschrift aus Barcelona, Philologus XIV. S. 759 f. J. C. Wirz, de fide atque auctoritate codicis Sall. qui Parisiis in Bibl. imp. n. 1576 asservatur, Aarau 1867. 4.

3. Ausgaben (s. Schweiger, classische Bibliographie II, 2. S. 862 ff. Ed. princeps s. l. (Ven.) 1470. 4. Rom. 1490. 4. Venet. Ald. 1509. 8. Paris. 1509. 4. (von Ascensius.) Basel 1538. 8. (von Glareanus.) Ed. L. Carrio, Antv. 1573. 1580. Jan. Gruter, Frankf. 1607. J. Wasse, Cantabr. 1710. 4. E rec. et c. nott. G. Cortii, Lips. 1724. 4. (Wiederabdruck Lips. 1825 ff.) Rec. et cum nott. varr. ed. S. Havercamp, Haag 1742. 2 Bde. 4. (Wiederabdruck durch Frotscher, Lips. 1828 f.) Ferner von G. Ch. Harles (Nürnb. 1778. 1797.), in der Zweibrücker Sammlung (1779. 1796.), von Weinzierl (München 1790. 1805.), H. Kunhardt (Lübeck 1809.), O. M. Müller (Leipzig u. Züllichau 1821.), W. Lange (Halle 1815. 1824. 1833.), J. L. Burnouf (Paris 1822. Florenz 1831. 12.), F. D. Gerlach (recogn., varr. lectt., commentarios atque indices adiecit, 3 Bde. 4. Basel 1823. 1827. 1831.; denuo rec. atque accur. auctiusque ed., Basel 1832; rec.,

adnot. crit., indicibus hist. et gramm. instruxit; Vol. I. Basel 1852), C. H. Frotscher (Lips. 1825 f. 3 Bde. 8.), F. Kritz (ad fid. codd. rec. c. sel. Cortii suleque comm. ed. et indd. edi. Lips. 1828. 1834 f. 2 Bde nebst Ind., wozu die Fragmenta 1853; recogn. et vecsincta annot. illustr., Lips. 1856), E. W. Fabri (mit Anmerkungen, Nürnberg 1831 f. Zweite Aufl. 1845), C. H. Weise (Lips. 1831), H. E. Allen (London 1832), J. C. Orelli (Zürich 1840 und 1858), R. Dietsch (Lips. 1843. 1846; und grosse Ausgabe, in zwei Bänden, Lips. 1859; sowie mit deutschen Anmerkungen, Leipzig 1864 ff.), A. Hedner (notis ill., Orebro 1848), Tho. Heightley (with notes and excursus, London 1848), R. Jacobs (Leipzig 1852. Vierte Auflage, Berlin 1864), A. Regnier (ed., illustr. Paris 1858), F. W. Hinzpeter (mit fortlaufenden Anmerk., Bielefeld 1867). Texte von E. F. Bojesen (Kopenh. 1837. 1852), G. Linker (Wien 1855), Gerlach (Lips., Tauchn. 1856), R. Dietsch (Bibliotheca Teubner., ed. V. 1867), und besonders H. Jordan (mit kurzer adnot. critica, Berolin. 1866).

4. Kritische und exegetische Abhandlungen. G. St. Lechner, Observationes in nonnullos Sall. locos, Hof 1828. 4. Selling, lectionum Sall. decades III. Augsburg 1831. 4.; Emendationes Sall., Ansbach 1835. 4. G. Linker, Emendationen zu Sallust auf Grund seiner Quellen und Nachahmer, Wien 1855 (aus den Sitzungsberichten der Akad.). F. Hitzig, kritische Miscellen zu Sallust, in der Monatsschrift des wiss. Vereins in Zürich 1856, 10tes Heft. G. Wagner, disp. de locis quibusdam Sall., Ratibor 1861. 4. F. Gründel, quæstiones Sallustianæ, Königsberg 1861. H. Alanus, in Sallust. Cat. et Iug. curæ secundæ. Insunt lectiones notabiliores codd. mss. trium, Dublin 1865. H. Jordan, Bemerkungen zur Kritik des Sall., im Hermes I (1866) S. 229—250.

5. Übersetzungen von Schlüter (Münster 1806 f. 2 Theile), v. Woltmann (Prag 1814), v. Strombeck (Göttingen 1817), J. K. Höck (3te Aufl., Frankfurt 1818). L. Neuffer (Leipzig 1819), K. Göriz (Stuttgart, Metzler, 1829), A. Hauschild (mit lat. Text, Leipzig 1852), C. Cless (Stuttgart, Hoffmann, 1855 f. und 1865, 2 Bde.), R. Dietsch (Stuttgart, Metzler 1858).

III. Schriftstellerischer Charakter.

Sallust ist der erste kunstmässige Geschichtschreiber der Römer, der Erste der die Aufgabe der Historiographie ideal erfasste und würdig durchzuführen bemüht war. Er hatte daher abzusehen von seinen Vorgängern innerhalb der römischen Literatur und vielmehr den Griechen sich zuzuwenden. Unter diesen war es besonders Thukydides dessen Art ihn anzog und zur Nachahmung reizte. Ihm folgte er schon in der Wahl seiner Stoffe, indem auch er vorzugsweise die eigene Zeit und Selbsterlebtes in seinen Geschichtswerken schilderte. Ist es ihm auch nicht gelungen den hohen Standpunkt seines Vorbildes, seine durchdringende Kritik und seine objektive Haltung zu erreichen, so hat er ihm doch redlich nachgestrebt in Wahrheitsliebe und Unparteilichkeit. Wenn auch nicht in dem Masse wie Thukydides, so hat doch auch Sallust langsam gearbeitet und die Ausfeilung seiner Werke sich Mühe kosten lassen. Auch in deren äusserer Form hat er Manches dem Thukydides nachgemacht, insbesondere die Sitte der Einleitungen und die Einflechtung von Reden zur Charakteristik der Situation und der handelnden Personen. Nur hat bei dem Römer das rhetorische Element ein Gewicht wodurch vielfach das historiographische beeinträchtigt wird, namentlich durch das Übermass von Reflexionen und eine gewisse Gleichgültigkeit gegen das äusserlich Thatsächliche gegenüber von dem Psychologischen. In der Charakterzeichnung hat Sallust seine Hauptstärke, und er ist auch darin unter den Römern ohne Vorgänger, sowie in der Sorgfalt die er auf die Form seiner Werke verwendete. In dieser tritt der Einfluss des Thukydides gleichfalls stark hervor. Sallust bemüht sich kurz, knapp, gedrängt zu sein, in einem Grade dass er darüber oft dunkel und geschraubt wird; und im Einzelnen des Sprachgebrauchs hat er von dem in seiner Zeit Gewöhnlichen mit Bewusstsein sich entfernt und nach griechischen Analogien, besonders aber aus der Weise des älteren Cato, sich eine eigene Schreibart gebildet. Dieses archaistische Element seiner Darstellung, zusammen mit ihrer rhetorischen Färbung, hat dem Sallust namentlich in der Zeit des Fronto grosse Verehrung verschafft.

1. Primus romana Crispus in historia, Martial. XIV, 191. Quintil. II, 5, 19: Livium a pueris magis (legi velim) quam Sallustium, et hic historiæ maior est auctor, ad quem tamen intellegendum iam profecta opus sit. — Aemulum Thucydidis Sallustium, Vellej. II, 36, 2 vgl. Quintil. X, 1, 101: nec opponere Thucydidi Sallustium verear. Sen. Rhet. Suas. p. 35, 11 f. Bu.: hoc (Nekrolog beim Berichten des Todes eines bedeutenden Mannes) semel aut iterum a Thucydide factum, item in paucissimis personis usurpatum a Sallustio. Vgl. ib. p. 249, 6 ff., wo eine Sentenz des Sallust auf Thukydides zurückgeführt wird, bei dem sie sich aber nicht findet, sondern in einer pseudo-demosthenischen Rede; vgl. Chr. F. Finckh, in Jahn's Jahrbb. 79, S. 863 f.

2. Wahrheitsliebe. Catil. 4, 2: statui res gestas populi rom... perscribere, eo magis quod mihi a spe, metu, partibus reip. animus liber erat. 4, 3 und 18, 1: quam verissume potero. Hist. I, 6: neque me divorsa pars in civilibus armis movit a vero. Dem entsprechend Augustin. Civ. dei I, 5: Sallustius, nobilitate veritatis historicus. Isidor. Orig. XIII, 21, 10: Sallustius, auctor certissimus. Vgl. Avien. ora marit. 32 ff. Seine nüchterne, aufgeklärte Denkweise hat den Sallust auch hinsichtlich der Prodigien und der sonstigen Romanticismen des Livius sehr schweigsam gemacht.

3. Quintil. X, 3, 8: sic (langsam) scripsisse Sallustium accepimus, et sane manifestus est etiam ex opere ipso labor.

4. Über die Proömien s. oben S. 7 f., A. 6. Von den bei Sallust vorkommenden Briefen ist der des Lentulus an Catilina (Cat. 44) historisch (vgl. Cic. Catil. III, 5, 12); und ähnlich scheint es sich mit dem Briefe des Catilina und dem des Pompejus an den Senat zu verhalten. Die Reden bei Sallust haben alle etwas Eindringliches und Ergreifendes und sind der Eigenthümlichkeit und Stellung des jedesmal Redenden weit mehr angepasst als die des Livius. Urkundlich sind sie aber darum doch nicht. So ergäbe sich für Catilinas Anrede an seine Genossen ein anderer Inhalt aus Cic. p. Muren. 25 u. Plut. Cic. 14; und von dem was bei Cic. ad Att. XII, 21 (vgl. p. Sest. 28, 61. Vellej. II, 35, 3 f. Plut. Cato min. 23) aus Cato's Rede im Senat mitgetheilt wird findet sich Nichts in derjenigen welche Sallust dem Cato in den Mund legt. Daher werden wohl auch die übrigen Reden bei Sallust in demselben Sinne gemeint sein wie Thukydides von den seinigen aussagt (I, 22). Dabei zeigen jene eine sehr viel grössere rednerische Übung, Fähigkeit und Kunst als die des altattischen Historikers. Von Sallust's rednerischer Bildung zeugt auch die Nachricht bei Fronto Epist. II, 1. p. 123 Naber: Ventidius ille, postquam Parthos fudit fugavitque (J. 716 d. St.), ad victoriam suam praedicandam orationem a G. Sallustio mutuatus est. Wenn daher der Rhetor Seneca Controv. III. praef. 8, p. 361, 15 f. sagt: orationes Sallustii in honorem historiarum leguntur, so ist diess das einseitige Urteil eines Schulrhetors der von seinen unpraktischen Finessen und Figuren in den energischen Reden des Historikers zu wenig wiederfand, und erhält seine genügende Beleuchtung durch die unmittelbar darauf folgenden Worte: eloquentissimi viri Platonis oratio pro Socrate scripta nec patrono nec reo digna est. Andererseits ist mindestens in seiner Motivierung verkehrt der Ausspruch des Licinianus (p. 42 f. ed. Bonnensium): Sallustium non ut historicum puto sed ut oratorem legendum. nam et tempora reprehendit sua et delicta carpit et contiones inserit et dat in censum loca, montes, flumina et hoc genus amoena et culta et comparat disserendo. Nach Justin. XXXVIII, 3, 11 Pompeius Trogus . . in Livio et in Sallustio reprehendit quod contiones directas pro sua oratione operi suo inserendo historiae modum excesserint, worin derselbe, vom Standpunkt objectiver Geschichtsschreibung, vollkommen Recht hatte, wenn wir gleich diese Reden, als theilweis rhetorische Meisterwerke, nicht entbehren möchten.

5. Urteile aus dem Alterthum über die Sprache des Sallust. Atejus ermahnte den Asinius Pollio (ut) vitet maxime obscuritatem Sallustii et audaciam in translationibus (Suet. gramm. 10 extr.). Zur letztern Eigenschaft vgl. Quintil. IX, 3, 12 f. Sen. Controv. IX. p. 249, 16 f. Bu. Gell. X, 26, 1 ff. — Gell. N. A. IV, 15, 1: elegantia orationis Sallustii verborumque fingendi et novandi studium (vgl. I, 15, 18: novatori verborum Sallustio) cum multa prorsus invidia fuit, multique non mediocri ingenio viri conati sunt reprehendere pleraque et obtrectare. in quibus plura inscite aut maligne vellicant. Vgl. X, 26, 1 ff.

Kürze. Sen. Controv. IX. p. 249, 9 ff. (vgl. p. 433, 12 ff.) Bu.: cum sit praecipua in Thucydide virtus brevitas, hac eum Sallustius vicit et in suis illum castris cecidit.

3 *

.. ex Sallusti sententia, nihil demi sine detrimento sensus potest. L. Sen. Epist. XIX, 5 (= 114), 17: Sallustio vigente amputatae sententiae et verba ante expectatum cadentia et obscura brevitas fuere pro cultu. Quintil. IV, 2, 45: vitanda est etiam illa Sallustiana, quamquam in ipso virtutis locum obtinet, brevitas et abruptum sermonis genus. X, 1, 32: illa Sallustiana brevitas, qua nihil apud aures vacuas atque eruditas potest esse perfectius. 102: immortalem illam Sallustii velocitatem. Gell. III, 1, 6: Sallustium, vel subtilissimum brevitatis artificem. Macrob. Sat. V, 1, 7: breve (dicendi genus), in quo Sallustius regnat. Stat. Theb. IV, 7 extr.: Sallusti brevis. Sidon. Apoll. Paneg. Anth. II, 190 f. (Sallusti brevitas). carm. XXIII, 152: qui brevitate, Crispe, polles. Apulej. apol. 95 (parsimonia).

Gräcismen. Quintil. IX, 3, 17: ex graeco translata vel Sallustii plurima. Gerlach's Ausg. III. p. 331 f.

Archaismen, besonders dem Cato entnommene Wendungen (wie multi mortales, prosapia u. A.). Vgl. Lenäus bei Suet. gramm. 15 (oben S. 5, Z. 6 f.). August (bei Suet. Oct. 86): verbis quae C. Sallustius excerpsit ex Originibus Catonis. Asinius Pollio in libro quo Sallustii scripta reprehendit ut nimia priscorum verborum affectatione oblita (Suet. gramm. 10; vgl. ib. extr.: miror Asinium credidisse antiqua eum — Atejus — verba et figuras solitum esse colligere Sallustio). Vgl. Gell. X, 26, 1: Asinio Pollioni in quadam epistula quam ad Plancum scripsit et quibusdam aliis C. Sallustius iniquis. Epigramm bei Quintil. VIII, 3, 29: et verba antiqui multum furate Catonis, Crispe, Iugurthinae conditor historiae. Fronto Epist. IV, 3. p. 62 Naber: M. Porcius eiusque frequens sectator C. Sallustius. Vgl. ib. II, 13. p. 36. Serv. Ae. I, 6: Cato in Originibus hoc dicit, cuius auctoritatem Sallustius sequitur (Catil. 6). So Iug. 31, 1 = Caton. reliq. p. 27, 1 Jordan. F. Deltour, de Sallustio Catonis imitatore, Paris 1859. VIII und 86 pp. 8. Einzelne Archaismen nachgewiesen z. B. bei Priscian. VI, 12. p. 707 P. = p. 249, 10 ff. Htz. (vis als Plural). Non. Marc. p. 82 (claritudo statt claritas) u. sonst. Aber auch auf die Schreibung der Worte bezieht sich der archaistische Charakter des Sallust. Vgl. Zeitfuchs, de orthographia Sallustiana, Sondershausen 1841. 4.

6. Der Bau und die Verbindung der Sätze ist bei Sallust höchst einfach und schmucklos, theilweise sogar einförmig, namentlich durch das häufig an die Spitze gestellte igitur. Überhaupt wiederholt Sallust gewisse Lieblingswendungen unermüdlich. Manches ist offenbar geziert, wie paucis tempestatibus (Iug. 96, 1) statt brevi tempore. Der Eindruck der Einfachheit wird namentlich auch durch die ausgedehnte Anwendung des infinitivus historicus herbeigeführt. Innerhalb des Satzes aber liebt Sallust jähen Wechsel der Construction, des Subjects und Ausdrucks. Über die Eigenthümlichkeiten der Sprache des Sallust vgl. die Nachweisungen bei Gerlach III. p. 307—332. N. Ostling, de elocutione C. Sallustii, Upsala 1862. 64 pp. 8. F. Bussmann, de temporum et modorum apud Sall. usu, Greifswalde 1862. Badstübner, de Sall. dicendi genere, Berlin 1863. 4. A. Laws, de dicendi genere Sall., Rössel 1864. 4.

7. Die scharf ausgeprägte Eigenthümlichkeit des Sallust forderte ebenso zum Wider- spruch heraus wie sie in einer Zeit wo man das Absonderliche bewunderte und aufsuchte ihre Anziehungskraft ausüben musste. Den Widerspruch vertreten nicht blos Livius und Asinius Pollio, sondern auch Sallust's Gegenfüssler in der Geschichtschreibung, T. Livius. Sen. Controv. IX. p. 249, 15 ff. vgl. p. 433 f. Bu.: T. Livius tam iniquus Sallustio fuit ut hanc ipsam sententiam, et tamquam translatam et tamquam corruptam dum transfertur, obiceret Sallustio. Dagegen fühlte Tacitus sich wahlverwandtschaftlich zu Sallust hingezogen. Er nennt ihn (A. III, 30) rerum romanarum florentissimus auctor, und der Einfluss des Sallust auf seine eigene historische Art ist ganz unverkennbar. Einen geschmacklos über- treibenden Nachahmer fand Sallust in der Zeit des Tiberius an Arruntius; s. Sen. Ep. 114, 17: L. Arruntius .. qui historias belli punici scripsit, fuit Sallustianus et in illud genus nitens. 18: quæ apud Sallustium rara fuerant apud hunc crebra sunt et pæne con- tinua, nec sine causa: ille enim in hæc incidebat (?), at hic illa quærebat. vides quid se- quatur ubi alicui vitium pro exemplo est. Für die Zeit des Fronto musste ein so pikanter, mit dem haut-goût der Alterthümlichkeit ausgestatteter Schriftsteller wie Sallust ganz be- sonderen Reiz haben. Er spielt denn auch in der Correspondenz zwischen Fronto und M. Aurelius eine grosse Rolle. Wiederholt findet sich die Zusammenstellung Cato, Sallust und Cicero (p. 93. 105. 149 N.), indem sie an Sallust die rednerische Seite hauptsächlich hervorheben. Namentlich werden seine Antithesen (p. 107 vgl. 108 ff. 162) und seine Sen- tenzen (p. 48 N.) bewundert. Unter dem Einfluss dieser Zeitrichtung und seiner natür- lichen Gutmütigkeit nimmt auch Gellius mehrmals (III, 1. IV, 15. X, 26) für Sallust Partei gegen seine Widersacher. Noch Sulpicius Severus bedient sich gern sallustischer Wendungen.

8. Literatur über Sallust überhaupt. J. J. H. Nast, de virtutibus historiæ Sallu- stianæ, Stuttgart 1785. 4. = Opusc. lat. II., Tübingen 1821. p. 90—103. O. M. Müller, über C. Sallustius, Zöllichau 1817. F. D. Gerlach, über den Geschichtschreiber Sallust, Basel 1831 = Historische Studien (Hamburg 1841) S. 286 ff.; die Geschichtschreiber der Römer (Stuttgart 1855) S. 103—107; de Sall. vita et scriptis, vor seiner Ausgabe 1852, p. XIII ff. Blum, Einleitung in d. röm. Gesch. S. 141 ff. H. Ulrici, Charakteristik der antiken Geschichtschreibung S. 125 ff. Lerminier, Études sur l'histoire I. p. 309 ff. G. Bernhardy, Röm. Lit.-Gesch. S. 660—665 (4te Aufl.). Dreis, prolegomena in C. Sall. opera, I. Kiel 1837. 4.; über Sallust als Geschichtschreiber, Itzehoe 1843. 4. De Ger- lache, Études sur Salluste, Brüssel 1847; deuxième édition, Brüssel 1859. CVI und 224 pp. 8. W. Teuffel, in Pauly's Real-Enc. VI, 1. S. 696—702. R. Dietsch, in den Verhandlungen der Stuttgarter Philologen-Versammlung (Stuttgart 1857. 4.) S. 27—39. Th. Vogel, de Sall. vita, moribus ac scriptis, Mainz 1857. 4.

P. Cornelius Tacitus.

I. Lebensumstände.

Cornelius Tacitus war geboren um's Jahr 54 n. Chr., bildete sich zum Redner aus, vermählte sich im J. 78 mit der Tochter des Julius Agricola, und wurde unter Vespasian (wahrscheinlich gleichfalls im J. 78 n. Chr.) Quästor. Unter Titus erhielt er die Aedilität, und bekleidete im J. 88 unter Domitian die Prätur. Auch war er Quindecimvir. Ein amtlicher Anlass war es wohl der ihn vom J. 90 n. Chr. an mehrere Jahre ausserhalb Roms festhielt, so dass er bei dem Tode seines Schwiegervaters (August 93) nicht anwesend war. Unter Nerva (J. 97 n. Chr.) wurde Tacitus Consul an der Stelle des L. Verginius Rufus, welchem er auch die Leichenrede hielt. J. 100 war er zusammen mit seinem Freunde Plinius Officialanwalt der Provinz Africa bei deren Klage gegen ihren Bedrücker Marius Priscus. Hadrians Regierungsantritt (August 117 n. Chr.) scheint Tacitus noch erlebt zu haben, aber zwischen J. 117 und 120 gestorben zu sein. Tacitus war hienach in Verhältnissen um den Vorgängen seiner Zeit auf den Grund zu sehen, und für die Art seiner Auffassung war es entscheidend dass auch bei ihm wie Juvenal seine besten Lebensjahre unter die Regierung des Domitian fielen, wo das Grauen und die Entrüstung, ohne Entladung nach aussen in's Innerste zurückgedrängt, die ganze Denkweise verbitterten.

1. Den Vornamen Publius (P. Corneli Taciti) hat der Mediceus I nicht nur zu Anfang der Annalen sondern auch am Ende von Buch I, II und III derselben (z. B. finit P. Corneli lib. I. incipit liber II). Hienach gilt jetzt allgemein dieser Vorname als der richtige. Der z. B. im cod. Farnesianus (C. Cornelii Taciti.. liber primus u. s. w. incipit, s. die Ausgabe von Orelli-Baiter, 1859, p. XVII f.) und angeblich in Hdss. bei Sidon. Apoll. Ep. IV, 14 in. (C. oder Caius Tacitus.. Ulpianorum temporum consularis) und .22 (cum Cornelius C. Secundo paria suasisset) sich findende Vorname C. ist entweder vielmehr Abkürzung von Cornelius oder (wie in andern Fällen, s. W. Teuffel, römische Literatur-

geschieht, § 82, A. 1) aus dem Anfangsbuchstaben des Hauptnamens entstanden. Sonst wird bei den alten Schriftstellern die unsern Geschichtschreiber erwähnen (s. B. dem jüngern Plinius, Flav. Vopisc. Aurelian. 2, 1; Oros. VII, 10. 19; Sidon. Apoll. carm. XXIII, 154) ein Vorname von ihm niemals angegeben. Ebenso heisst er in den Subscriptionen des Mediceus II einfach Cornelius Tacitus.

2. **Geburtsort.** Flavius Vopiscus (Tac. 10, 3) erzählt von dem Kaiser Tacitus (J. 275—276 n. Chr.): Cornelium Tacitum, scriptorem historiæ augustæ, quod parentem suum eundem diceret, in omnibus bybliothecis conlocari iussit, et ne lectorum incuria deperiret librum per annos singulos decies scribi publicitus in cunctis archivis iussit et in bybliothecis poni. Da nun dieser Kaiser aus Interamna gebürtig war und dort, wie sein Bruder Florianus, eine Statue mit Kenotaph hatte (Vopisc. Florian. 2, 1 = Tac. 15, 1), so versetzte man bereitwillig dorthin auch den Historiker, und die Stadt (jetzt Terni) errichtete diesem im J. 1514 eine Bildsäule (Angeloni, storia di Terni p. 42 ff.). Aber auch abgesehen davon dass der verwandtschaftliche Zusammenhang zwischen dem Historiker und dem gleichnamigen Kaiser sehr problematisch ist, würde daraus noch keineswegs Gleichheit des Geburtsortes folgen; und die Bezeichnung des Sejanus als municipalis adulter (A. IV, 3) macht unwahrscheinlich dass der Historiker selbst aus einem Municipium stammte. Vielmehr wird hienach als sein Geburtsort Rom anzunehmen sein.

3. Plin. N. H. VII, 17, 76 nach der Erwähnung eines Falls von unnatürlich früher Körperentwicklung und ebenso frühzeitigem Tode: ipsi non pridem vidimus eadem ferme omnia.. in filio Corneli Taciti equitis romani, Belgicæ Galliæ rationes procurantis. Dieser könnte sehr leicht der Vater unseres Geschichtschreibers sein; beweisen lässt es sich jedoch nicht. Jedenfalls aber stammte er aus einem angesehenen und wohlhabenden Hause, wie seine spätere politische Laufbahn zeigt.

4. Das **Geburtsjahr** des Tacitus lässt sich nur durch Combination verschiedener Thatsachen mit einiger Wahrscheinlichkeit ermitteln. Wenn er Dial. 1 das in's Jahr 75 (828 d. St.) gesetzte Gespräch iuvenis admodum mitangehört haben will, so würde diess ungefähr auf das 18te bis 20ste Lebensjahr (somit Geburt um's Jahr 55—57) führen, da Tacitus selbst (Agr. 7) den 18—19jährigen Domitian gleichfalls als iuvenis admodum bezeichnet. Denselben Ausdruck gebraucht aber Vellej. Pat. II, 41, 3 von dem (J. 679 = 75 v. Chr.) in die Gefangenschaft von Seeräubern gerathenen Caesar, also — die Richtigkeit des überlieferten Geburtsjahrs von Caesar (J. 654 = 100 v. Chr.) vorausgesetzt — von einem 23jährigen, so dass auch ein weiteres Zurückgehen mit dem Geburtsjahre des Geschichtschreibers durch den Sprachgebrauch gestattet ist. Später jedenfalls fällt seine Verlobung und Verheiratung; s. Agr. 9: consul (J. 77 = 830) egregiæ tum spei filiam iuveni mihi despondit ac post consulatum collocavit et statim Britanniæ præpositus est. Kinder scheint Tacitus aus dieser Ehe wenigstens zur Zeit des Todes von Agricola nicht

gehabt zu haben, da solche in dem Epilog des Agricola nicht wohl hätten übergangen werden können.

b. Politische Laufbahn. Hist. I, 1: dignitatem nostram a Vespasiano († 79 n. Chr.) inchoatam, a Tito (Juni 79 bis Sept. 81) auctam, a Domitiano (J. 81—96) longius provectam non abnuerim. Den Anfang pflegte die Quästur zu machen, welche Tacitus sonach spätestens J. 79 bekleidete; und diese setzte ein Alter von mindestens 25 Jahren voraus, was also auf J. 54 als (spätestes) Geburtsjahr führt. Die nächste Stufe war das Volkstribunat oder die Aedilität. Agricola hatte das Volkstribunat bekleidet (Agr. 6); vielleicht dass aber aucta eher für die Aedilität des Tacitus spricht. Dieses zweite Amt muss Tacitus spätestens J. 81 inne gehabt haben. Unter Domitian verzögerte sich seine Beförderung (zur Prätur). A. XI, 11 : is quoque (Domitianus) edidit ludos saeculares (septimos Domitianus se XIV et L. Minucio Rufo coss., anno DCCCXXXXI, Censorin. d. n. 17, 11; also J. 88 n. Chr. = 841 d. St.), iisque intentius affui sacerdotio quindecimvirali praeditus ac tunc praetor. — Von Agricola, welcher im August 93 starb, Agr. 45: nobis tam longae absentiae condicione ante quadriennium amissus est. Bald darauf jedoch muss Tacitus nach Rom zurückgekehrt sein, wegen Agr. 45: mox (nach Agricola's Tod) nostrae duxere Helvidium in carcerem manus, nos Maurici Rusticique visus, nos innocenti sanguine Senecio perfudit. .. praecipua sub Domitiano miseriarum pars erat videre et aspici. Über des Tacitus Consulat Plin. Ep. II, 1, 6: laudatus est (Verginius Rufus) a consule Cornelio Tacito; nam hic supremus felicitati eius cumulus accessit, laudator eloquentissimus. Derselbe II, 11, 2: ego et Cornelius Tacitus, adesse provincialibus (von Africa) iussi; und 11, 17: respondit Cornelius Tacitus eloquentissime et, quod eximium orationi eius inest, σεμνῶς. — Die Absicht, cetera illius (der augusteischen) aetatis memorabo si effectis in quae tetendi plures ad curas vitam produxero (A. IV, 24), konnte Tacitus nicht mehr ausführen.

6. Ob Tacitus seinen Schwiegervater nach Britannien begleitete ist zweifelhaft. Könnte die Anschaulichkeit mancher Schilderungen dafür zu sprechen scheinen, so macht hiegegen bedenklich die Nichterwähnung dieses wesentlichen Umstandes im Agricola. Jedenfalls kann er ihn nicht als Quästor begleitet haben; denn solche wurden Consuln beigegeben (nicht Proconsuln), und Provinzialquästoren gab es nur in den Senatsprovinzen, also nicht in Britannien. Dagegen die spätere längere Abwesenheit von Rom (J. 90 ff.) hatte einen amtlichen Anlass wohl darum weil sie ohne einen solchen verdächtig und dem Schwiegervater gegenüber unbegreiflich gewesen wäre; Nipperdey vermutet dass Tacitus prätorischer Legionslegat (Hist. I, 48. Agr. 7) gewesen sei; und wohl damals erwarb er sich seine genauere Kenntniss Germaniens.

7. Über des Tacitus Verhältniss zu dem (im J. 62 n. Chr. geborenen) jüngern Plinius vgl. des Letzteren Briefe an jenen: I, 6. 20. IV, 13. VI, 9. 16. 20. VII, 20. 33. VIII, 7. IX, 10. 14. Ausserdem wird Tacitus erwähnt ib. II, 1. 11. IV, 15. IX, 23. Besonders vgl. VII, 20, 2: duos homines aetate, dignitate propemodum aequales, und § 4:

equidem adolescentulus, cum iam tu fama gloriaque (als Redner) floreres, te sequi, tibi „longo, sed proximus, intervallo" et esse et haberi concupiscebam. Gemeinsame Freunde waren Fabius Justus (Tac. dial. 1. Plin. Ep. I, 5, 8. 11) und Asinius Rufus (Plin. Ep. IV, 15).

8. Literarische Stellung des Tacitus in Rom. Plin. Ep. IV, 13, 11 an ihn: rogo ut ex copia studiosorum quae ad te ex admiratione ingenii tui convenit circumspicias praeceptores quos sollicitare possimus. Ib. IX, 23, 2: numquam maiorem cepi voluptatem quam nuper ex sermone Cornelii Taciti. narrabat sedisse se cum quodam circensibus proximis. hunc post varios eruditosque sermones requisisse: „Italicus es an provincialis?" se respondisse: „nosti me, et quidem ex studiis." ad hoc illum: „Tacitus es an Plinius?"

II. Schriften (nach der Zeitfolge ihrer Abfassung).

1. Dialogus de oratoribus, verfasst unter Titus oder zu Anfang der Regierung des Domitian, ein Versuch den Zerfall der Beredtsamkeit seit der Kaiserzeit zu erweisen und zu erklären, eingekleidet in ein Gespräch gehalten im sechsten Regierungsjahre des Vespasian (J. 75 = 828 d. St.) von literarischen Berühmtheiten dieser Zeit, dem Dichter Curiatius Maternus und den Rednern M. Aper, Julius Secundus und Vipstanus Messala. Die geistreiche Schrift zeigt dieselben sittlichen und politischen Grundanschauungen, dieselbe Feinheit psychologischer Beobachtung und Charakterzeichnung wie die späteren Schriften des Tacitus; aber die Schärfe ist noch nicht zur Bitterkeit geworden, sie lässt sogar noch künstlerischer Heiterkeit Raum. In ihrer Stilisierung ist die Schrift ein anziehendes Denkmal derjenigen Periode des Tacitus wo er, frisch vom Studium der rhetorischen Schriften Cicero's herkommend, deren Fülle und Rundung nachzubilden suchte. Nichtsdestoweniger verräth sie in unzähligen Wendungen und Constructionen unwillkürlich den Schriftsteller des ersten christlichen Jahrhunderts und hat auch mit den nächstverfassten Schriften des Tacitus sehr viele Berührungspuncte. Übrigens stammen alle auf uns gekommenen Handschriften aus derselben Quelle, und haben daher alle am Schlusse von c. 35 dieselbe grössere Lücke.

1. Die einseitige Hervorhebung der Abweichungen der Schrift von der späteren taciteischen Schreibweise, unter Verkennung ihrer Erklärungsgründe und der fast nicht minder grossen Übereinstimmung (welche neuerdings besonders von Fr. Weinkauff im Einzelnen nachgewiesen worden ist) hat seit J. Lipsius Viele veranlasst den dialogus dem Tacitus abzusprechen und an allen möglichen andern Verfassern herumzurathen, wie dem jüngern Plinius (Eckstein Prolegg. p. 46 ff. Fr. Hesse, de Plinio minore dialogi de orr. auctore,

Magdeburg 1831. 4. A. Wittich in Jahn's Archiv 1839. V. 8. 259—292. J. J. Kramstaronik, Heiligenstadt 1841. 4.), Sueton (Eckstein p. 44 ff.), Quintilian (Eckstein p. 59ff.). Und auch bezeugt — worauf zuerst A. G. Lange, Vermischte Schriften p. 5—7, aufmerksam gemacht hat — Plinius selbst, und in einem Briefe an Tacitus selbst, den taciteischen Ursprung, da Ep. IX, 10, 2 (poëmata quiescunt, quæ tu inter nemora et lucos commodissime perfici putas) ganz unverkennbar auf. dial. 9. 12 hindeutet; und eben darauf bezieht sich auch die Polemik Quintilians, I. O. X, 3, 22: non tamen protinus audiendi qui credunt aptissima in hoc (nämlich scribendum) nemora silvasque, quod illa coeli libertas, locorum amoenitas sublimem animum et beatiorem spiritum parent. Auch ib. 5, 19 (quare iuvenis qui rationem inveniendi eloquendique a præceptoribus diligenter acceperit .. oratorem sibi aliquem, quod apud maiores fieri solebat, deligat quem sequatur, quem imitetur) ist offenbar eine Reminiscenz aus dial. 34. Übrigens behandelte auch Quintilian denselben Gegenstand, die causæ corruptæ eloquentiæ, in einer eigenen Schrift (s. I. O. VI. prooem. 3. VIII, 6, 76. vgl. 3, 58. V, 12, 23), sicherlich aber in einem dem Kaiserthum günstigeren Sinne als Tacitus und gewiss auch mit sehr viel weniger Geist als dieser. In der ganzen Zeit ist Niemand dem wir das Talent und den Charakter zutrauen dürften dass wir ihn für den Verfasser des dialogus halten könnten. Wohl aber hat dieser in allem was über der ciceronisierenden Oberfläche hinausliegt die grösste Ähnlichkeit mit den übrigen taciteischen Schriften, und ich kann daher die Bedenken gegen unumwundene Anerkennung der taciteischen Urheberschaft welche Bernhardy noch in der vierten Ausgabe seiner röm. Lit.-Gesch. (S. 803 f.) hegen zu müssen glaubt kaum verstehen, geschweige denn theilen. Mit Ausnahme weniger Gelehrten aber, welchen es schwer zu werden scheint sich von den Ansichten ihrer Jugend zu trennen, stimmen heutzutage alle Forscher für den taciteischen Ursprung der Schrift. Literatur über die Frage. A. G. Lange, in den acta semin. Lips. I. p. 77 ff. = Vermischte Schriften p. 3—14 = vor Dronke's Ausgabe p. XVI ff. H. Gutmann, diss. qua Tacitum dialogi de or. scriptorem non esse demonstratur, in Orelli's Ausgabe p. 101 ff.; in seiner Übersetzung (Stuttgart 1830) S. 145 ff., und in Jahn's Archiv XV. S. 139—156 (über A. Dupré's Beweis dass der Dialog etc. von Tacitus geschrieben sei). F. A. Eckstein, Prolegg. p. 62 ff. H. C. A. Eichstädt, de dialogo qui inscribitur de orr., Jena 1839. 4. W. Teuffel, in Jahn's Jahrbb. LXXVII. S. 285 f. und vor seiner Übers. d. klein. Schrr. (Stuttgart 1858) S. 18—21. Fr. Weinkauff, de Tacito dialogi de or. auctore, Cöln 1857 und 1859. 4. J. G. Ek, der gegenwärtige Stand der Frage nach dem Verfasser des dialogus, in der dänischen Zeitschrift für Philologie, Juli 1859, S. 1—11 (Philologus XV. S. 191 f.). H. Sauppe, im Philologus XIX. S. 256—263 nebst J. Classen in der Zeitschrift Eos I. (1864.) S. 1 ff. J. W. Steiner, über den dial. de or. des Tacitus Kreuznach 1863. 36 S. 4.

2. Der Freimut welcher in der Schrift bewiesen ist spricht für die Abfassung unter einem milden Regenten, etwa unter Titus, J. 81, oder in der letzten Regierungszeit Vespasian's, spätestens in den ersten (guten) Jahren des Domitian. Genauere Anhaltspuncte

für Bestimmung der Abfassungszeit bietet die Schrift nicht; nur muss sie vor dem Jahre in welchem (c. 177 das Gespräch verlegt wird (75 n. Chr.), nach der Objectivität womit der Verfasser (c. 1) von seiner damaligen Altersstufe spricht, ziemlich weit entfernt sein, wie andrerseits von der Abfassung des Agricola, in welchem bereits wesentlich verschiedene stilistische Grundsätze und Muster befolgt sind. Vgl. W. Teuffel a. a. O. (1858) S. 21.—24.

3. Neben dem allgemeinen culturhistorischen Zwecke verfolgt die Schrift wohl auch noch einen persönlichen, die Gründe anzugeben warum Tacitus, trotz seiner umfassenden rednerischen Studien und Übungen, schliesslich doch nicht der Laufbahn des Redners sich vorzugsweise zugewendet, sondern die stille Wirksamkeit des Gelehrten und Schriftstellers vorgezogen hat. Die Einwirkung jener Vorbildung, hauptsächlich im Anschlusse an Cicero, zeigt sich am stärksten im dialogus (vgl. A. Dräger, über Syntax und Stil des Tac., Leipzig 1868. S. 103 f.); aber auch in den spätern Schriften des Tacitus ist sie vorhanden, nur in immer abnehmendem Masse, bis das späteste Werk desselben, die Annalen, auf dem entgegengesetzten stilistischen Princip, der Zerhacktheit und epigrammatischen Zuspitzung, angelangt ist.

4. Die Quelle sämmtlicher Handschriften des dialogus ist diejenige welche Henoch aus Ascoli wahrscheinlich im Kloster Hersfeld fand (L. Urlichs, Eos II. S. 230. 351 ff.) und (abschriftlich oder im Original) um's J. 1457 nach Italien brachte, wo der Fund alsbald vervielfältigt wurde. Sie stammte ungefähr aus dem 13ten Jahrhundert, war nach einer Fuldaer Handschrift (saec. VIII oder IX) gefertigt welche im 13ten oder 14ten Jahrhundert verloren gieng, und scheint auser dem dialogus und der Germania nur das Bruchstück des Suetonius de grammaticis et rhetoribus enthalten zu haben. Aus einer nach ihr gemachten genauen Abschrift (X) stammt Vaticanus 1862 (A) und (durch Vermittlung der Abschrift des Pontanus) Leidensis XVIII (B), aus einer mit mehr Verstand und Willkür angefertigten (Y) die übrigen, insbesondere der Farnesianus (C). Das Nähere über die handschriftliche Überlieferung des dialogus s. in Michaelis' praefatio vor seiner Ausgabe, besonders p. VIII—XIX. — G. Thomas, über einen codex Venetus zum Dialog und zur Germania des Tacitus, Münchner Gel. Anz. 1853, Nr. 1 f.

5. Sonderausgaben. Cum varr. notis ed. E. Benzel, Upsala 1706. Rec. et illustr. C. A. Heumann, Gotting. 1719. Ed. et ill. I. H. A. Schulze, Lips. 1788. Text von G. Seebode, Gotting. 1813. Hanover. 1816. Rec. et annot. instr. E. Dronke, Coblenz 1828. Rec. et ann. crit. instr. F. Osann, Giessen 1829. Repurg. op. J. C. Orelli, Zürich 1830; cum nova collatione cod. Perizoniani (Leidensis), Zürich 1846. 4. Ed. illustr. W. Bötticher, Berol. 1832. Recogn. Fr. Ritter, Bonn 1836. 1859. Recogn. var. lect. et ann. instr. Ph. C. Hess, Lips. 1841. Mit erkl. Anm. von C. Ph. Pabst, Leipzig 1841. Ed. L. Tross (mit der Germania), Hamm 1841. Ad codices denuo conlatos recogn. A. Michaelis, Lips. 1868.

Beiträge zur Textkritik. Dryander, Coniectara in dial. de orr., Halle 1851.
30 pp. 4. L. Spengel, Spec. emend., München 1852. 4. C. L. Roth, Beiträge zur Berich-
tigung des Textes u. s. w. im Stuttgarter Correspondensblatt 1854. S. 9—15. 19—25.
L. Schopen, Diorthotica in Tac. dial., Bonn 1858. 10 pp. 4. C. Nipperdey, Rhein. Mus.
XIX. S. 270—292. 559—590. C. Halm, in Jahn's Jahrbb. LXXXIX. S. 148—151.
F. Ritter, Rhein. Mus. XX. S. 518—532. XXI. S. 534—550.

Abhandlungen (ausser den Einleitungen vor den meisten Ausgaben und Übersetzungen
und vor Bötticher Lexicon Taciteum p. VIII—XIII, sowie den oben A. 1 angeführten):
J. F. Klossmann, Prolegomena in Dial., Breslau 1819. 8. 1833. 4. F. A. Eckstein, Prolegomena in Tac. qui v. f. dial. Halle 1835. 4. A. Göring, diss. de dial. d. o. praestantia,
Lübeck 1829. 4. G. F. Strodtbeck, ostenditur Materninae personae in d. d. o. obviae vultus
ironicus, Heilbronn 1831. 4. A. Westermann, Gesch. der röm. Beredtsamkeit S. 233
bis 241. Vidal, in Tac. d. o. disputatio, Paris 1850. F. Deycks, de dial. Tac. d. or.,
Münster 1856. 4. A. Schaubach, de vocum quarundam quae in T. dialogo leguntur vi ac
potestate, Meiningen 1857. 28 pp. 4.

Übersetzungen des Dialogus allein von Nast (Halle 1787), Hübsch (mit einem Real-
commentar, Nürnberg 1837), Bombach (Ehingen 1866. 4.); mit Agricola und Germania
von W. S. Teuffel (Stuttgart 1858 f.).

2. De vita et moribus Iulii Agricolæ liber, eine Biographie des Schwiegervaters von Tacitus, verfasst im J. 97 n. Chr. Durch den stark rhetorischen Charakter
seiner Anlage wie Ausführung erinnert das Werk an die laudationes funebres und an
die Weise des Sallustius, mit welchem es auch den monographischen Charakter, die
Gleichgültigkeit gegen das äusserlich Geschichtliche und zahlreiche einzelne Wendungen gemein hat. Aber auch an Ciceronisches enthält die Schrift noch Anklänge.
Im Allgemeinen ist der historische Stil noch wenig entwickelt, dafür aber eine wohl-
thuende Wärme gemütlicher Theilnahme über das Ganze verbreitet.

1. Da c. 3 Nerva Caesar (ohne Divus) und Nerva Traianus (vgl. 44: principem
Traianum videre) genannt werden, so ist die Schrift verfasst als Nerva noch am Leben war
(† 27 Januar 98), aber den Trajan bereits adoptiert hatte, was im September oder October 97 geschehen war; der Abschluss der Schrift fällt also an das Ende des J. 97 = 850.
Der Schluss des geharnischten Vorworts (c. 3 extr.) stellt ein grösseres geschichtliches Werk
über Domitians Regierung, sowie über die Zeit des Nerva und Trajan in Aussicht, wofür
diese Schrift nur eine vorläufige Abschlagszahlung sein solle.

2. Wie die ciceronische Periode des Tacitus durch den Dialogus, so ist seine sallustische hauptsächlich durch den Agricola und die Germania vertreten, doch so dass auch
jene erstere noch immer fortwirkt, aber in abnehmendem Masse. So hat der Schluss von

Agr. 44 mit der Assung. von c. 45 grosse Ähnlichkeit mit Cic. de or. III, 2, 6. 3, 10 f.; auch summa aegritudo animi (Agr. 46) ist eine ganz ciceronische Wendung (Tusc. I, 16, 37 und ebend.), wie es auch sonst nicht an Pleonastischem fehlt (z. B. Hübner im Hermes I. S. 446 f.), sowenig als an Periodologischem (c. 16. 18. 25 in.); und c. 4 extr. erinnert an Cic. pro. Mur. 31, 65. Zahlreicher sind freilich jetzt die Züge welche an Sallust erinnern; und dessen Einfluss macht sich in allen weiteren Schriften des Tacitus mehr oder weniger geltend; s. W. Teuffel vor der Übers. (1859), S. 131 mit Anm. Bernays, Rhein. Mus. XVI. S. 319 f. Anm., und besonders E. Wölfflin, Philologus XXVI. S. 122—129; auch A. Gerber im Leutschauer Programm 1861, S. 13 ff. Agricola und Germania verhalten sich zu den Historiæ des Tacitus wie Sallust's Catilina und Iugurtha zu dessen Historiæ. Vgl. L. Urlichs in der Eos I. S. 549 ff. An Sallust hat Tacitus offenbar seinen historischen Stil gebildet; und so gross die Virtuosität ist welche Tacitus in der ihm eigenthümlichen Weise allmählich erlangt hat, so hat er sie doch erst stufenweise erreicht, und der Agricola stellt diejenige Stufe dar auf welcher seine Selbständigkeit noch verhältnissmässig kleiner war. Er ist ein rhetorisch-psychologisches Gemälde ganz in der Weise des Sallust, mit dessen Proömien, eingestreuten Reden und Excursen, seinem geringen Interesse für Zahlen- und Zeit-Angaben (c. 41 f.), mit Antithesen und andern Figuren, auch einem regelrechten Epilog. Nur darf man desswegen nicht (mit E. Hübner, Hermes I. S. 438—448) der Schrift den Charakter einer Biographie absprechen und ausschliesslich den einer laudatio funebris vindiciren: es ist eine rhetorisch gehaltene Biographie. Die Rede des Calgacus (c. 30) erinnert besonders stark an Sallust (Cat. 58, 17 f. und den Brief des Mithridates); aber auch sonst lesen sich lange Partien (wie c. 18 ff.) ganz sallustisch, und allenthalben sind sehr viele Einzelnheiten theils Reminiscenzen aus Sallust theils Variationen nach ihm. So Agr. 18 clarus atque magnus haberi = Cat. 53, 1, Iug. 92, 1; Agr. 20 multus in agmine vgl. Iug. 96, 3; nihil quietum pati = Iug. 66, 1 (vgl. 88, 2); 31 nata servituti mancipia u. s. w. vgl. Iug. 31, 11; 33 prona.. adversa vgl. Cat. 58, 9; in armis omnia vgl. Iug. 51, 4; terga non tuta vgl. Cat. 58, 16; c. 36 exterriti sine rectoribus equi = Sall. Hist. I, 98 Kr.; c. 37 grande spectaculum vgl. Iug. 101, 11. Solche sallustische Reminiscenzen finden sich zwar auch noch in den Annalen, aber verhältnissmässig am zahlreichsten sind sie doch im Agricola. — Die historische Studie über Britannien und die früheren römischen Züge dorthin (c. 10—17) hat Tacitus später (Ann., bes. XIV, 29 ff.) frei verwendet und manchfach berichtigt und erweitert.

3. Der Text des Puteolanus galt lange für die einzige authentische Überlieferung. Durch Wex ist aber nachgewiesen worden dass dessen Codex nichts Anderes enthielt als was die beiden vaticanischen Handschriften aus der zweiten Hälfte des 15ten Jahrhunderts geben durch die uns der Agricola erhalten ist, Vat. 4498 = Δ bei Wex, d bei Halm, und Vat. 3429 = Γ bei Wex, g bei Halm, und dass alle Abweichungen hievon entweder als Conjecturen des Puteolanus oder als Fehler seines Abschreibers oder Setzers zu betrachten sind. Vgl. L. Spengel, Münchner Gel. Anz. 1853, Nr. 25—27, und Spec. emendationum

in Tac., München 1852. 4. p. 15. G. Kämmerer, de indole ac pretio codd. ms. Tac.
Agr. et edd. vett. usque ad Lipsium, Breslau 1842. Γ hat die Überschrift Cornelii Taciti
de vita et moribus Iulii Agricolae, Δ Cai Corneli T. de v. et m. I. A. Für einzelne Stellen können der cod. Ursini (Υ bei Wex) und die Randbemerkungen von Γ (M bei Wex)
in Betracht gezogen werden; über deren Werth s. Sohenkl, Zeitschr. f. d.
österreich. Gymn. XII. S. 421—437 und J. Müller, im Innsbrucker Gymnasialprogramm
1868. 4.

4. Ausgaben und Bearbeitungen: hinter den Panegyrr. latt. v. F. Puteolanus,
Mailand 1476? 4. Per Phil. Pinci, Vened. 1497. fol. A M. Virdungo, Nürnberg 1687.
Cum notis Boxhornii ed. J. A. Bosius, Jena 1664. Cum notis Buchneri ed. C. Schubart,
Lips. 1683. Ed. M. Engel, Lips. 1788. Lat. und deutsch von J. Ch. Schlüter, Duisburg
1808. von A. Schlegel, Göttingen 1816. Obss. ill. N. J. Bloch, Kopenhagen 1814. Ed.
E. Dronke, Coblenz 1824; ed. 2. Fulda 1843. Ed. E. H. Barker, London 1824. Tex-
tum rec. et ad fid. cod. Vat. emend. U. J. H. Becker, Hamburg 1826. Ed. F. G. V.
Hertel, Leipzig 1827. Ed. et ann. ill. P. Hofman-Peerlkamp, Leyden 1827; ed. II. 1864.
Urschrift, Übersetzung, Anmerkungen durch G. L. Walch, Berlin 1828. Mit Erläutt. und
Excursen von C. L. Roth, Nürnberg 1833. Recogn. F. Ritter, Bonn 1836. Brevi ann.
expl. F. Döbner, Paris 1843. 1866. 12. Ad fidem codicum denuo collatorum rec. et com-
mentariis enarravit F. C. Wex, Braunschweig 1852. 338 pp. gr. 8. Ex Wexii rec. recog-
novit et perpetua annotatione illustravit Fr. Kritz, Berlin 1859. 1865. Text auch von
Fr. Ritter, z. B. ed. III. Bonn 1852.

Unter den Übersetzungen ist bemerkenswerth auch die französische von N(apoleon).
L(ouis). B(onaparte)., Florenz 1829. 4. Deutsche auch von L. Döderlein (mit Rechtferti-
gungen, Aarau 1817), H. W. F. Klein (München 1825), Nissen (mit Einleitung und Commentar, Hamburg 1847) und Voigtland (Programm von Schleusingen 1862. 4.).

5. Abhandlungen. Zur Textkritik von Brüggemann (Düsseldorf 1824), Eichstädt
(Jena 1830), E. Foss (Altenburg 1837. 4.), Fr. Brandes (Rostock 1838. 4.), Gernhard
(Weimar 1838. 4.), Heimburg (Jena 1839), Wex (Beiträge zur Kritik u. Erkl. von
Tac. Agr., Schwerin 1840. 4.), Pfitzner (Neubrandenb. 1842. 4. Ztschr. f. Alt. Wiss.
1847. Nr. 13 f.), E. Dronke (Fulda 1842. 4.), Ch. G. Herzog (Gera 1843. 4.), Seyffert
(Kreuznach 1845. 4.), Hutter (München 1849. 4.), J. G. Schneider (Coburg 1850 ff. 4.),
G. U. Busch (Rostock 1853. 4.), Fr. Kritz (de glossematis falso Taciti Agricolæ impu-
tatis, Erfurt 1857. 4.), J. Müller (Fiume 1858. 4.), A. J. F. Henrichsen (lat. und deutsch,
mit krit. u. erkl. Anm., Altona 1858. 74 S. 4. c. 1—22), G. F. Schömann (Greifswald
1859. 4.), G. Liep (Kreuznach 1861. 4.), C. Nipperdey (Rhein. Mus. XVIII. S. 350
bis 365. XIX. S. 97—113.), Fr. Ritter (ebds. XX. S. 518—532), J. Classen (Symb.
criticæ, P. III, Hamburg 1866. 4.), S. Pfaff (exegetisch krit. Bemerk. zu Agr. 1 u. 36,
Erlangen 1867. 4.).

— 34 —

Über den Agricola vgl. Niebuhr, kleine hist. und philol. Schriften I. S. 331 (nebst N. Bach, Schriften. 1831. II. S. 851. f.). Woltmann vor er. Übers. VI. S. 34—45 (Prag 1817). A. Mohr, Bemerkungen zu und über T. Agr., Meiningen 1823. Walch, über die Kunstform d. ant. Biogr. mit besonderer Rücksicht auf d. Agr. des T., vor er. Ausg. S. XXXVIII—LXXIV. Hoffmeister, Weltanschauung d. Tac. S. 80 ff. 206 ff. 228 ff. J. Held, commentat. de Agr. Vita quae vulgo Tacito adsignatur, Schweidnitz 1845. 4. E. Hübner, Hermes I. (1866) S. 438—448.

5. Germania, ausgearbeitet vielleicht unter Domitian, herausgegeben unter Trajan, J. 98 oder 99 n. Chr., eine ethnographische Einzelschrift, veranlasst durch das hohe Interesse welches dieses Land und Volk für die damalige Zeit besass, vielleicht auch durch die persönliche Anschauung zu welcher der Verfasser amtliche Gelegenheit gehabt hatte. Die Ausführung ist durch Gemütsantheil wie Rhetorik erwärmt und streift oft an das Sentimentale. Obwohl weder Kritik noch Unparteilichkeit verleugnend, stellt der Verfasser die einfachen Zustände der Germanen gern den verwickelten und verdorbenen seiner eigenen Zeit gegenüber.

1. Titel im Vat. 1862 und Farnesianus: C. Cornelii Taciti de origine et situ Germaniae; ausführlicher Pontanus: Corneli Taciti de origine, situ, moribus ac populis Germanorum. Die Schrift zerfällt in zwei Theile, von denen der erste in commune de omnium Germanorum origine ac moribus handelt (c. 27 extr.), der zweite (c. 28—46) über die einzelnen Völkerschaften. Im letzteren nimmt der Verfasser seinen Standpunct am Rhein und schildert, landeinwärts vorrückend, die Stämme zuerst in der Richtung von West nach Ost, dann (c. 35 ff.) von Nord nach Süd. An der Donau angekommen verfolgt er deren Lauf (c. 41), und schliesst mit den Ufern der Ostsee. Von seinen Quellen nennt er nur den Caesar (c. 28); Spuren von Quellenkritik aber auch c. 3. 8. 27. 28. 33. 34. 41. 45. C. Plinius, Germanicorum bellorum scriptor wird wenigstens A. I, 69 erwähnt, und ist ohne Zweifel auch in der Germania benützt. Die Ausbeutung des Sallust hat hervorgehoben R. Köpke, zur Quellenkritik der Germania, in seinen deutschen Forschungen (Berlin 1859) S. 223—226, und Th. Wiedemann, in den Forschungen zur deutschen Geschichte, herausgegeben von der Münchner historischen Commission IV, 1 (1864) S. 171 ff.

2. Da c. 37 vom ersten Einfall der Kimbern (J. 641 d. St.) bis zum zweiten Consulat des Trajan (98 = 851 d. St.) 210 Jahre gerechnet sind, so muss die letzte Redaction und Herausgabe der Schrift zwischen 98 und das dritte Consulat Trajans (J. 100 n. Chr.) gesetzt werden. Doch ist nicht sehr glaublich dass Tacitus den Beginn der im Agricola angekündigten grösseren geschichtlichen Arbeit durch diese Einzelschrift verzögert hätte, wofern diese nicht längst zur Veröffentlichung reif und nur der letzten Feile noch bedürftig gewesen wäre, die er ihr gab sobald Domitian todt und der Pietät gegen Agricola genügt

war. Aus der Entwerfung unter Domitian würde sich auch der Ton der Schrift erklären. Für die Zeit welche die Historien behandeln war der Gegenstand der Germania von höherer überwiegenden Bedeutung, daher sich diese schwerlich (mit A. Riese, Tac II. S. 195—200) als Vorarbeit für jene wird bezeichnen lassen.

3. Die Germania ist weder eine Idylle noch ein Roman noch eine politische Tendenzschrift (z. B. um dem Trajan von einem Feldzuge gegen Germanien abzurathen), sondern ein Beitrag zu der Aufgabe die A. IV, 30 als eine anziehende anerkannt wird, situs gentium describere, wozu schon der Agr. beigesteuert hatte. Aber die Art der Ausführung ist allerdings bezeichnend für Tacitus. Wie bereits Horaz (O. III, 24, 9 ff.) die Skythen und Geten gegenüber von der Verderbniss Roms in ein ideales Licht gerückt hatte, so verfährt hier Tacitus mit den Germanen. Er schildert diese mit fortwährendem Hinblick auf seine Zeit, oftmals hervorhebend was Alles die Germanen zu ihrem Glücke nicht kennen (c. 8. 9. 11. 13. 18. 19. 20. 24. 25. 27. 38). Dabei geräth die Schilderung manchmal in einen weinerlichen Ton hinein (z. B. c. 5. 7. 18 f. 27), der von Gedrücktheit zeugt. Doch ist der Verfasser weit davon entfernt die Germanen kurzweg seiner Zeit als Muster vorzuhalten; er erkennt an ihnen vielmehr wesentliche Fehler (c. 11. 15. 17 f. 23 f.), und kehrt (c. 33 vgl. 23) ihnen gegenüber den specifisch römischen Standpunkt sogar mit Schroffheit hervor. Vgl. W. Teuffel's Einleitung vor der Übers. (1859) S. 132 f.

4. Der rhetorische Charakter der Darstellung zeigt sich in den häufigen Sentenzen, den zahllosen Fällen der Anaphora (c. 11 sogar mit prout) und andern Figuren. Die Pleonasmen der Schrift hat C. Halm zusammengestellt, Sitzungsberichte der Münchner Akademie 1864, S. 12 ff. Auch hier noch fehlt es nicht an Anklängen an Sallust (vgl. Ph. Hess, variæ lectiones et observationes in T. Germ., Helmstädt 1827. 1828. 1834. 4. Wölfflin, Philologus XXVI. S. 122 f.) und Berührungen mit andern Schriften des Tacitus, besonders dem Agricola (Agr. 11 extr. = Germ. 28; haud perinde, Agr. 10 = Germ. 34; in universum æstimanti, Agr. 11 = Germ. 6; patiens frugum, Agr. 12 vgl. Germ. 5). Hexameter Germ. 18. 32. 39; iambischer Dimeter c. 27.

5. Die Germania ist uns auf dieselbe Weise überliefert wie der dialogus (s. oben S. 27, A. 4), nur dass die Zahl der von ihr vorhandenen Abschriften der einen Urhandschrift eine grössere ist; eine der besseren befindet sich in der Stuttgarter Bibliothek. R. Tagmann, de codicibus mss. atque editionibus vett. Tac. Germ. I. Breslau 1846; de Tac. Germ. apparatu critico, Breslau 1847.

6. Ausgaben. Cum notis Willichii, Glareani, Melanchthonis, Frkf. a. O. 1551. Cum comm. Chr. Coleri, Hannov. 1602. E rec. Conringii, Helmst. 1652. 4. Cum varr. notis ed. J. C. Dithmar, Frkf. 1725 u. sonst. Ed. C. H. Joerdens, Berl. 1783. 1794. Cum obss. Longolii ed. J. Kapp, Lpz. 1783; ed. II. cur. Ph. Hess, Lpz. 1824. Cum varr. lectt. ed. G. G. Bredow, Helmst. 1808. 1816. Ed. illustr. R. Belham (mit Agr.) ed. II. Cambridge 1813. Rec. Fr. Passow, Breslau 1817. Mit Comm. von Ammon und Bäumlein,

Tüb. 1817. Lat. und deutsch mit Tafelatt., von G. und K. Sprengel, Halle 1819. Erläut. von J. T. K. Müller, Braunschweig 1838. Ed. illustr. Ph. C. Hess, Lips. 1824. By E. M. Barker, London 1824. Trad. avec la comm. par C. L. F. Panckoucke, Paris 1824. Mit Noten von Fr. W. Altenberg, Hildburgh. 1826. Recogn. cum brevi adnot. ed. G. F. C. Günther, Helmstedt 1826. Urschrift, Übersetzung u. s. w. von G. L. Walch. 1. Heft. Berl. 1829. Comm. Mür. Th. Kiessling, Lips. 1832. Mit krit., gramm. und hist. Anmerkungen von J. v. Gruber, Berl. 1832. Ed. et quae ad res Germanorum pertinere videntur e reliquo Tac. opere excerpsit J. Grimm, Gött. 1835. Text, Übers., Erläut. von F. D. Gerlach (und W. Wackernagel, der aber Nichts geliefert), 2 Abth., Basel 1835—1837. In usum schol. recogn. Fr. Ritter, Bonn 1836. 1853. Ad fidem codicis Perizon. ed. L. Tross, Hamm 1841. Recogn., isag. instr., comment. illustr. etc. M. Weishaupt, Solothurn 1844. Ed. Massmann, Berlin 1848. Lat. und deutsch von Döderlein, Erlangen 1850. Lat., with ethnol. diss. and notes by R. G. Latham, London 1851. Mit Agr. til skolebrug af Bloch, Kopenhagen 1854. In us. schol. recogn. M. Haupt, Berlin 1855. Ed. Schrant, Leyden 1856. XLI und 334 pp. gr. 8. Herausgeg. und sachlich erläutert von Th. Finck; I. Tac. Leben, Text und besserer handschriftl. Apparat, Göttingen 1857. 250 S. 8. Ex Hauptii rec. recogn. et perpetua adnot. illustr. Fr. Kritz, Berlin 1860. 1865.

Übersetzungen (ausser den angeführten) von K. G. Anton (mit Comm., Halle 1824), H. W. F. Klein (München 1826), Bülau, Weiske und K. v. Leutsch (Leipzig 1828), J. Horkel (in den Geschichtschreibern der deutschen Vorzeit, I. Berlin 1847), F. Thudichum (Giessen 1862), K. A. Löw (Manheim 1862), N. Mosler (I. Leipzig 1862), L. H. O. Müller (Jena 1862. 4.), A. Bacmeister (Stuttgart, Neff 1868).

Abhandlungen zur Textkritik von J. C. Orelli (Zürich 1819. 4.), Ph. Hess (Helmstädt 1827. 1828. 1834. 4.), Schober (Naumburg 1827. 4.), Pfitzner (zur Kritik und Erkl., Neubrandenburg 1843. 4.), Wex (Schwerin 1853. 4.), W. Th. Rudolphi (Observ. grammaticæ et criticæ, Münster 1855), C. Nipperdey (Rhein. Mus. XVIII. S. 342 bis 350), L. v. Jan (Eos I. S. 76—79), Halm (über einige controverse Stellen, München 1864 = Sitzungsber. der Münchner Akad.), Fr. Ritter (Rhein. Mus. XX. S. 195 bis 217), A. Reifferscheid (Coniectanea, in der Symbola philol. Bonn. p. 623—628).

Über die Germania und zu ihrer Sacherklärung. G. A. Arndt, disp. quatenus Tac. de Germ. libello fides sit tribuenda, Lips. 1775. 4. L. Völkel, de fontibus unde Tac. quae de patria nostra trad. hausisse videatur deque consilio in scribend. Germ., Marburg 1789. 4. C. C. E. Charitius, diss. utrum satis fide digna sint quae T. in G. tradit, Wittenberg 1792. 4. C. A. Rüdiger, de fide historica Tac. in Germ. descr., Freiberg 1823. Barby, de consilio quo T. Germ. conscripserit et de fide ei tribuenda, Berlin 1825. Ebenso Spilleke, Berlin 1825. 4. v. Leutsch, über die Glaubwürdigkeit des Tac. in Rücksicht

auf dessen Germ., Berichte d. deutschen Ges. zu Leipzig, 1877. S. 16 ff. Chr. Rühle
de Tac.descr. Germaniae, Marburg 1808. 4. F. Rühl, statim. Erklär. der 10 ersten
Capp. des T. über Deutschl., Berlin 1821. F. Passow in Woelkers Philomathie I. und
in seinen Verm. Schr. S. 40—64. F. W. Altenburg, über Caesar's und Tac. Ansichten
von der Religion der Deutschen, Schleusingen 1827. 4. U. J. H. Becker, Anm. und
Excurse zu T. G. 1—18, Hanover 1830. C. Reischle, comm. de locis quibus Tac. et
Caes. de vett. Germm. inter se differunt, Kempten 1831. 4. Fr. Göller, de scriptis Caes.
et Tac. ex monumentis medii aevi illustrandis, in d. Act. soc. gr. I. p. 43 ff. F. D. Ger-
lach, über die Germ. des T., in der Zeitschr. der Basler Lehrer 1825. II. und: über die
Idee von T. Germ., in den Verhh. der Gothaer Philologenvers. (Gotha 1841, 4.) S. 55 ff.
= Histor. Stud., Hamburg 1841. S. 308 ff.; sowie in den Verhandl. der Philologenvers. zu
Hanover S. 104—111. Vgl. auch Hoffmeister, Weltanschauung des T. S. 201 ff. 220 ff.
Welter, de fide Tac. in rebus Germm. quaest., Münster 1846. 4. Greverus, Bemerkungen
zu T. Germ., Oldenburg 1850. E. Keferstein, Ansichten über die Kelten u. s. w. III, 1 (Halle
1850): des Tac. Germania. W. Engelbert, über d. G. d. Tac. und die Geographie des Pto-
lemäus als Hauptquellen der Geogr. des alten Germanien, in der Zeitschrift für vaterl.
Gesch. u. Alt. Kunde. III. Münster 1852. Müllenhoff, verderbte (deutsche) Namen bei Tac.,
Zeitschrift f. deutsches Alterthum IX. S. 223—261. B. Hüppe, annotationes aliquot ad T.
G., Coesfeld 1853. 4. J. N. Schmeisser, Bemerkungen zur G. d. T. aus dem Nibelungen-
lied u. a. altdeutschen Gedichten, Constanz 1853. H. Schweizer-Sidler, Bemerkungen zu
T. G., Programm der Zürcher Kantonsschule 1860. 24 S. 4. 1862. 30 S. 4.; Jahns
Jahrbb. LXXXV. S. 115—123. J. V. Zingerle in Franz Pfeiffers Germania, 1860,
S. 219 f. G. Waitz, über die principes in der Germ. des Tac., in den Forschungen zur
deutschen Gesch. herausgg. von der Münchner hist. Commission II, 2 (Göttingen 1862),
sowie dessen deutsche Verfassungsgeschichte, zweite Aufl. I. Kiel 1865. F. Thudichum,
der altdeutsche Staat, mit Übers. der Germ., Giessen 1862. H. Brandes, die nobiles
der Germanen, in seinem Ersten Bericht über die germanist. Gesellschaft zu Leipzig (Leipzig 1863) S. 19—44. Latham, on the authority of the etc. im Iournal of class. and sacred
philology XII. p. 324—346. Th. Malina, de consilio quale T. in scribendo de G. libro
secutus esse videatur, Deutsch-Crone 1860. 4. Künssberg, Wanderungen in das germa-
nische Alterthum (Berlin 1861) und dagegen Boot, Verslagen der holländ. Akad. VII.
1863. p. 66—82. A. Baumstark, über das Romanhafte in der Germ. des T., Eos I.
S. 39—64 und II. S. 487—496. Ed. Göbel, Ebds. I. S. 516—525. A. Riese, die
ursprüngliche Bestimmung der G. d. T., ebds. II. S. 193—203. Fr. Münscher, Beiträge zur Erklärung der G. d. T., Marburg 1863. 34 S. 4. 1864. 48 S. 4. (Gymnasialprogramm).

4. Historiæ, Darstellung einer selbsterlebten Zeit, der Regierungen von
Galba, Otho, Vitellius, Vespasianus, Titus und Domitianus (J. 69—96 n. Chr.), also

vor~~~~~~~~ der ~~~~~~~~ D~~~~~~~~, verfasst unter der Regierung des Trajan. Ur-
~~~~~~~~~~~ ~~~~~~~~ des W~~~ ~~~~~ehn Bücher, wovon aber nur die vier ersten
und vom ~~~~~~~ etwa die erste Hälfte auf uns gekommen sind. Diese enthalten die
G~~~~~~~~~ der Jahre 69 und 70 (822 f. d. St.), ohne sie aber zu Ende zu bringen.

1. Tertullian. apol. 16: Cornelius Tacitus in quinta Historiarum suarum. Der Titel
lehnt sich an den Vorgang des Sisenna und Sallust an und entspricht genau der technischen
Bedeutung des Wortes historiæ; s. W. Teuffel, römische Literaturgeschichte 82, 1. Es
ist diess das im Agr. 3 vorausangekündigte Werk, nur dass der Plan auf alle Regierungen
seit Nero's Tode miterstreckt ist, während die Geschichte des regierenden Fürsten, Trajan,
und seines Adoptivvaters Nerva auf spätere Jahre verspart wird (Hist. I, 1) und auch da
nicht zur Ausführung kam.

2. Hieronymus zum Zacharias III, 14 berichtet dass Tacitus die Geschichte der
Kaiser nach August bis zum Tode des Domitian triginta voluminibus beschrieben habe,
wovon 16 Bücher auf die Annalen und somit 14 auf die Historiæ fallen. Auch im Med. II
und andern Hdss. ist diese Zählung befolgt. Die Reihenfolge der Abfassung beider Werke
erhellt aus A. XI, 11: utriusque principis (des Augustus und Claudius) rationes (in
Bezug auf die ludi sæculares) prætermitto, satis narratas libris quibus res imperatoris
Domitiani composui (Bezeichnung der Hist. nach ihrem Hauptinhalt). nam is quoque
edidit ludos sæculares. Nerva heisst Divus, Hist. I, 1. Anführungen aus dem sechsten
Buch bei Oros. VII, 10. 19.

3. Zum Stoffe der Historiæ wollen Beiträge sein die Briefe des Plinius VI, 16. 20.
VII, 33. Inhaltsübersicht über das Erhaltene bei Süvern, in den Abhandl. der Berliner
Ak. 1822 f. S. 97—107. Plutarchs Biographien von Galba und Otho scheint Tacitus
nicht gekannt zu haben, sowenig als Plutarch die Historiæ des Tacitus; die Übereinstim-
mungen beider erklären sich aus der Benützung gemeinsamer Quellen; s. C. Hirzel im
Maulbronner Programm 1851 (comparatio eorum quæ de Impp. Galba et Othone relata
legimus apud Tacitum, Plut., Suet., Dionem, instituta cum ad illorum scriptorum indolem
tum ad fontium ex quibus hauserint rationem pernoscendam) p. 37 ff. Vgl. auch Th. Wiedemann, de Tacito, Suet., Plut., Cassio Dione scriptoribus imperatorum Galbae et Othonis,
Berlin 1857. Diss.

4. Die Haupthandschrift für die Historiæ ist der Mediceus II sæc. XI (in Monte
Cassino zwischen 1053 und 1087 geschrieben) in longobardischer Schrift, welcher elf
Bücher Cornelii Taciti ab excessu D. Augusti enthält, nämlich Buch XI bis XXI (incl.)
= A. XI—XVI, Hist. I—V. Alle übrigen sind von untergeordnetem Werthe, interpo-
lierte und sonst verderbte Abschriften welche mittelbar oder unmittelbar auf den Med.
zurückgehen.

5 *

5. Ausgaben der Historiæ von Th. Kiessling (Lips. 1840) und C. Hertzug ... ...
Schulgebrauch erklärt, I. Leipzig, Teubner 1864).

Zu den Historiæ Beiträge von A. Böckh (H. I, 52. Berol. 1830. 4.), F. Jacob
(über T. Geschichtsb. V, 2—5, Lübeck 1840. 4.), L. Döderlein (Emendationes Hist.
T. Erlangen 1841. 4.), C. Nipperdey (Em. H. T., Jena 1855. 4.), J. Classen (Symbolæ
criticæ, P. II. Frankfurt 1863. 4. III. Hamburg 1866. 4.), F. Ritter (im Philologus XXI.
S. 601—653), J. Müller (zu Hist. I u. II, Innsbruck 1865).

Völcker, der Freiheitskampf der Bataver unter Claudius Civilis, Elberfeld 1861
bis 1863. C. Hagge, Bemerkungen zu dem Feldzuge des Vitellius und Otho nach Tacitus,
Kiel 1864. 4. Leonhard, über den Bericht des Tac. über die Juden (Hist. V, 2—6),
Ellwangen 1856. 4. H. E. Dirksen, die römisch-rechtlichen Mittheilungen in Tac.
Historien, Berlin 1860. 4.

5. Annales oder vielmehr nach dem Mediceus I betitelt ab excessu D.
Augusti, sechszehn Bücher, welche die Regierungsgeschichte der julischen Dynastie
nach August's Tode (Tiberius, Caligula, Claudius, Nero) oder die Jahre 14—68
n. Chr. = 767—821 d. St. enthielten, gleichfalls noch unter Trajan verfasst und
zwischen J. 115 und 117 herausgegeben. Erhalten ist aber nur das erste und das
letzte Drittel des ganzen Werkes, die vier ersten Bücher mit Theilen des fünften
und sechsten, sodann, aber am Anfang und Ende verstümmelt, Buch XI bis XVI,
so dass uns fehlt die ganze Regierungszeit des Caligula, von der des Claudius der
Anfang bis in das Jahr 47, und von der des Nero J. 66—68. Die annalistische
Anordnung scheint in diesem Werke strenger durchgeführt zu sein als in den
Historiæ.

1. Urkundlich ist einzig der Titel ab excessu D. Augusti, der seine Analogien hat
an den Überschriften der Geschichtswerke von T. Livius, ab urbe condita, und vom älteren
Plinius, a fine (vom Schlusse) Aufidii Bassi. Wenn Tacitus selbst wiederholt (A. IV, 32
vgl. III, 65. XIII, 31) sein Werk als annales bezeichnet, so will er damit nicht den Titel
desselben angeben, sondern die Art seiner Anlage, nach der Jahresfolge der Begebenheiten. (Daher spricht Jornandes de reb. get. I, 2 nach Hörensagen von Cornelius annalium scriptor, trotzdem dass er eine Stelle des Agr. meint.) Aber eben darum weil
die Bücher ab excessu D. Augusti wirklich Annalen sind hat es kein Bedenken der
Kürze halber und zur Unterscheidung von den Historiæ sie auch fernerhin als Annales
zu citieren.

2. Die Zeit der Veröffentlichung erhellt aus A. II, 61. Die dort angegebenen
Grenzen des römischen Reichs setzen die Eroberungen voraus welche Trajan ums J. 115
machte, welche aber (so weit sie sich wenigstens über den Euphrat hinübererstreckten)

Hadrian glücklich, nach seinem Regierungsantritte (August 117) wieder angeblich (Spartian. Hadr. 5, 1—4. Eutrop. VIII, 6). Die Abtheilung in Bücher rührt nach VI, 27 (in prioribus libris) und XI, 11 (s. oben S. 35, A. 2) von dem Verfasser selbst her.

3. Die Anordnung ist mit Bewusstsein die chronologische; s. A. IV, 71 in.: ni mihi destinatum foret suam quæque in annum referre, avebat animus antire statimque memorare exitus u. s. w. Abweichungen von dieser Ordnung glaubt Tacitus immer halb entschuldigen zu müssen (s. z. B. VI, 38: quæ duabus æstatibus gesta coniunxi, quo requiesceret animus a domesticis malis. Vgl. XII, 40 extr. XIII, 9) und verweist für später Geschehenes auf spätere Theile (in tempore memorabo, I, 58 vgl. IV, 71. VI, 22; in loco reddemus II, 4 vgl. H. IV, 67 suo loco reddemus). Zwar können wir aus den kaum zwei Jahre umspannenden Überresten der Historien nicht mit Sicherheit beurteilen wie weit auch in ihnen dieselbe traditionelle Anlage befolgt war; indessen lag eine strengere Durchführung derselben bei dem späteren Werke in so fern in der Natur der Sache als sich dieses über eine längere Reihe von Jahren erstreckte und zum Theil langdauernde Regierungen umfasste. Übrigens hat Tacitus dieser Anordnung ihr Mechanisches zu nehmen gewusst dadurch dass er, wo der Gegenstand es gebot, sie zu verletzen nicht schwer nahm. Zu schroff hat Niebuhr die Begriffe annales und historiæ einander gegenübergestellt in der Abhandlung über den Unterschied zwischen Annalen und Historien, Rhein. Mus. II, 2 (Bonn 1828) S. 284 ff. = Kleine historische und philologische Schriften II. S. 229 ff.

4. Die ersten sechs Bücher sind uns einzig durch den Mediceus I. (sæc. XI) erhalten, nämlich Buch I—IV vollständig, von B. V der Anfang, worauf eine grosse Lücke folgt, die den Anfang von Buch VI mitverschlungen hat. Die Lücke behandelte die Fortsetzung des J. 29, das ganze Jahr 30 und den grössten Theil von J. 31. Diese Handschrift wurde in dem westphälischen Kloster Corvey aufgefunden, kam 1508 nach Rom, in den Besitz des damaligen Cardinals Medici (später Papst Leo X), und von dort nach Florenz in die mediceische Bibliothek, wo sie sich noch befindet. J. 1515 wurde ihr Inhalt erstmals durch den Druck veröffentlicht (durch Ph. Beroaldus, in Rom). Gegen die Zweifel von Fr. Ritter, über Alter und Herkunft der ersten Handschrift des Tac. zu Florenz (Philologus XVII. S. 662—672. vgl. seine Ausgabe des Tac. vom J. 1864, p. V ff.) s. L. Urlichs, Eos I. S. 243—247. II. S. 223—232. Das letzte Drittel der Annalen (B. XI—XVI) verdanken wir dem Mediceus II, welcher uns dasselbe zusammen mit dem ersten Drittel der Historiæ (s. oben S. 35, A. 4) erhalten hat. Aber vom Buch XI fehlt der Anfang, von Buch XVI ungefähr die zweite Hälfte. Auch diese Handschrift ist noch in Florenz; ausser diesem Originale selbst aber haben wir auch eine Anzahl Abschriften von ihm; s. oben S. 35, A. 4. Zweifelhaft ist ob beide Medicei Abschriften desselben Originals sind; Med. I jedenfalls stammt aus einer Fuldaer Handschrift des neunten Jahrh., im 11ten Jahrh. für oder in Corvey gemacht. Von dieser Corveyer Abschrift wurde der erste (von taciteischen Schriften den dialogus und die Germania

enthaltende). Theil im 13ten Jahrh. nach Herefeld verlieren, wurde dort abgeschrieben, ging aber dann verloren. Die vereinzelten Bestandtheile dieser ältern (Hersfelder) Abschrift (von dial., German., Saeten u. A.), gelangten dann im 15ten Jahrh. nach Italien, theilweise vermehrt durch den Agricola u. A. L. Urlichs a. a. O., bes. II. S. 232. oben S. 27, A. 4.

C. Heräus, studia critica in Mediceos Tac. codices, Cassel 1846; und Zur Kritik und Erklärung des Tacitus, Hamm 1859. 30 S. 4. E. Wölfflin, Philologus XXVI. S. 94—96.

5. Ausgaben der Annalen von Ruperti (Gotting. 1804. 2 Voll.), Th. Kiessling (Lips. 1829), C. Nipperdey (Bd. I, Leipzig 1851. Berlin 1855. 1862. 1864; Bd. II, Leipzig 1852. Berlin 1857), F. W. Otto (B. I—VI mit ausführlichem Commentar, Mainz 1854), Orelli-Balter (Zürich 1859).

Beiträge zur Kritik und Erklärung der Annalen von J. P. E. Greverus (annotatiuncula, Oldenburg 1827. 4.), F. Jacob (Obss. ad T. Ann. et Hist., 4 Partes, Lübeck 1837—1842. 4.), O. Müller (de A. III, 55. Gotting. 1841. 4.), Bischoff (Obss. in libr. I, Wesel 1845. 4.), C. Halm (Speier 1846. 4.), Schmoller (Explic. loci 1. I, Blaubeuren 1849. 4.), Held (ad loc. diffic. Schweidnitz 1851. 4.), L. Spengel (über das erste B. d. A., München 1855. 4. = Abhandl. der Münchner Ak. VII, 2. S. 695—727; auch Bemerkungen zu T. A., Philologus XXIII. S. 644—651), W. G. Pluygers (spec. emend., Leyden 1859. 4.), O. Sirker (Animadvers., Trier 1860. 4.), C. Krafft (historische und geographische Excurse zu Tac. A. I und II, Maulbronn 1864. 4.).

6. Nach Vollendung auch der Annalen konnte Tacitus den ganzen nunmehr von ihm behandelten Geschichtsstoff entweder rückwärts oder vorwärts fortführen, entweder Augusts oder, wie er zuerst versprochen hatte, Nerva's und Trajans Regierungszeit beschreiben. Es scheint dass er schliesslich dem ersteren Gegenstande den Vorzug gab, sei es weil dieser ihn mehr anzog oder weil Trajan noch immer am Leben und auf dem Throne war. Ausgeführt wurde dieses Vorhaben jedoch nicht, ohne Zweifel weil den Verfasser der Tod daran verhinderte. Sonstige echte Schriften von Tacitus gibt es nicht.

1. Hist. I, 1: principatum D. Nervæ et imperium Traiani .. senectuti seposui. A. III, 24: cetera illius ætatis (der augusteischen) memorabo si effectis in quæ tetendi plures ad curas vitam produxero. — Über Reden des Tac. vgl. oben S. 24, A. 5.

2. Fulgentius exposit. serm. antiq. p. 782 St. = p. 566 f. M.: Cornelius Tacitus libro facetiarum: „cessit itaque morum elogio in filiis derelicto." Fr. Haase (Ed. p. XIV)

hält diese Schrift für eine Jugendschrift des Tacitus; mit mehr Wahrscheinlichkeit rechnet L. Müller (Jahr. Rirbb. 95, S. 797 f.) dieselbe zu der „Schwindelliteratur."

8. Gesammtausgaben der Werke des Tac. (vgl. Panckoucke Vol. VII: Bibliographie de 1055 editions de Tac.): Ed. princeps, Venet. Vendelin. de Spira, um 1470. fol. (A. XI—XVI, Hist., Germ., Dial.). Ed. Fr. Putedanus (mit Agr., Mailand um 1475; Vened. 1497. fol.), Ph. Beroaldus (erste vollständige Ausgabe, Rom 1515 u. sonst, fol.), B. Rhenanus (Basel 1519. 1535. fol.), Ald. (Vened. 1534.), J. Lipsius (Antverp. 1574. 8. 1600. 4. 1607. 1668. fol. u. sonst), C. Pichena (Florent. 1600. 4. Francof. 1607), J. Gruter (Frkf. 1607. 8.), M. Bernegger (Strassburg 1638. 1664), J. Fr. Gronov (Amsterdam 1672. [1673.] 1685. 2 Voll.), Th. Ryck (Leyden 1687. 12. 2 Voll.), J. und Abr. Gronov (Utrecht 1721. 4. 2 Voll.), J. A. Ernesti (Lips. 1752. 1772. 2 Voll.; neue Ausg. von J. J. Oberlin, Lips. 1801. 2 Voll.), J. Lallemand (Paris 1760. 12. 3 Bde), Gabr. Brotier (mit Supplementen in der Weise der Freinsheim'schen zu Livius, Paris 1771. 4. 4 Tomi. 1776. 7 Tomi. 12. Edinburg 1796. 4. 4 Tomi), Bipont. 1779. 1792. 4 Bde. (cur. Fr. Chr. Exter), J. Naudet (Paris 1819. 6 Bde), Imm. Bekker (cum notis vir. doctt., 2 Voll., Lips. 1831), G. H. Walther (Halle 1831—1833. 4 Voll.), G. A. Ruperti (Hanover 1832 ff. 4 Voll.), N. Bach (Lips. 1834 f. 2 Voll.), Fr. Ritter (recogn., brevi adn. instr., Bonn 1834—1836. 2 Voll.; emend., comment. critico illustr., Cantabrig. 1848. 4 Voll.; e codd. denuo collatis rec., Lips. 1864), L. Döderlein (Halle 1841—1847. 2 Voll.), C. L. F. Panckoucke (Text u. franz. Übers., Paris 1840 ff. 7 Bde), Fr. Dübner (concisa adnotatione, procemio de grammatica Tac. et nomenclatore geographico explic., Paris 1845. 12.), J. C. Orelli (rec. atque interpr. est, Zürich 1846. 2 Voll. ed. II, Vol. I. 1859), J. Stock (ed., illustr. Dublin 1862. 2 Bde).

Texte von Imm. Bekker (Berol. 1825), Lünemann (Lips. 1825), Fr. Haase (Lips. Tauchnitz 1855, 2 Voll.) und besonders C. Halm (Lips. Teubner. 1850 f.; iterum recogn. 1857, 2 Voll. Vgl. Münchner Gel. Anz. 1851, S. 31—63).

H. Wölffel, Emendationes in Cornelii Taciti libros, Nürnberg 1856. 68 pp. 8. Fr. Ritter, Bemerkungen zu Tacitus, Rhein. Mus. XVI. S. 454—469. XVII. S. 99—137. XX. S. 195—217. 518—532. XXI. S. 534—550. Philologus XIX. S. 264—281. 665—679. XX. S. 109—127. 275—292. 648—680. XXII. S. 48—62. 639—680. Fr. Thomä, Observationes criticæ in Corn. Tacitum, Bonn 1866. 52 pp. 8. E. Wölfflin, Jahresbericht über Tacitus, Philologus XXV. S. 92—134. XXVI. S. 92—166.

Übersetzungen von K. F. Bahrdt (Halle 1807. 2 Thle), K. L. v. Woltmann (Berlin 1811—1817. 6 Bde), F. C. v. Strombeck (Braunschweig 1816. 3 Bde), F. Rickleffs (Oldenburg 1825—1827. 4 Bde), W. Bötticher (Berlin 1831—1834. 4 Bde), H. Gutmann (Stuttgart, Metzler, 1829 ff. 10 Bändchen), C. L. Roth (Stuttgart, Hoffmann, 1854 ff.), G. F. Strodtbeck, F. Baur, W. Teuffel (Stuttgart, Metzler 1856 ff.), Fr. Ritter (Leipzig, Engelmann 1864—1868. 4 Bde).

III. Charakteristik des Tacitus.

1. Tacitus' Auge ist der Vergangenheit zugewendet. Seine Sympathien gehören der aristokratischen Republik, und die Zeit wo sie bestand erscheint ihm in einem idealen Lichte. Aber soweit er in der Kaiserzeit zurückblickt gewahrt er fast nur Entwürdigungen der Aristokratie, und seine Einsicht in Personen und Verhältnisse überzeugt ihn von der Nothwendigkeit der Monarchie. Und doch kann sich sein Gemüt nicht versöhnen mit dem was sein Verstand ihm als nothwendig erweist, zumal da die Erscheinungsform der Monarchie überwiegend Grauen und Abscheu einflössen muss. Dieses Verhalten bleibt aber auf das Innere beschränkt; äusserlich unterwirft sich Tacitus der Monarchie, auch wo ihr Vertreter ein Domitian ist. Er hat die Abneigung des Aristokraten und des Doctrinärs gegen alles laute Wesen, jedes schroffe Handeln; er begnügt sich stumm zu grollen, im Stillen bittere Bemerkungen zu machen, sonst aber mit Resignation in das Unabänderliche sich zu fügen. So rettet er sich mit heiler Haut, aber wundem Gemüt durch die Zeit des Domitian; seine Stimmung ist dadurch für immer verdüstert, sein Glaube an ein Walten der Gerechtigkeit erschüttert. Sind seine derartigen Äusserungen auch nicht Ausflüsse eines philosophischen Systems, so sind sie doch bezeichnend für die Tiefe seiner Verstimmung.

1. Seine eigene Denkweise spricht wohl Tacitus aus durch den Mund des C. Cassius, A. XIV, 43: saepenumero, P. C., in hoc ordine interfui cum contra instituta et leges maiorum nova senatus decreta postularentur, neque sum adversatus, non quia dubitarem super omnibus negotiis melius atque rectius olim provisum et quae converterentur in deterius mutari, sed ne nimio amore antiqui moris studium meum extollere viderer. simul quidquid hoc in nobis auctoritatis est crebris contradictionibus destruendum non existimabam, ut maneret integrum si quando resp. consiliis eguisset. Kaum in Widerspruch hiemit steht das A. III, 55 im eigenen Namen als Möglichkeit Ausgesprochene: nisi forte rebus cunctis inest quidam velut orbis .. nec omnia aput priores meliora, sed nostra quoque aetas multa laudis et artium imitanda posteris tulit. Vgl. H. I, 3 in. Besonders bitter wird Tac. bei Missbrauch der grossen Vergangenheit zur Motivierung kleinlicher Quälereien in der neuen Zeit, z. B. A. III, 66. IV, 19. Antiquus und priscus ist bei ihm immer ein Lob (z. B. H. II, 5. 64. A. VI, 32). Bezeichnend ist auch die Wärme der Aeusserung A. III, 60: magna eius diei species fuit, quo senatus maiorum beneficia, sociorum pacta, regum etiam .. decreta ipsorumque numinum religiones introspexit, libero, ut quondam, quid firmaret mutaretve. Überhaupt ist des Tacitus Denkweise aristokratisch bis zum Vorurteil; das adelige Blut an sich hat in seinen Augen hohen Werth; s. A. IV, 3. VI, 27 in. XIV, 14. Ohnehin Sklaven

und Barbaren gegenüber theilt er alle Vorurteile des Römers (z. B. A. I, 76. II, 65; auch Germ. 36. 59. Hist. V, 2 f. 13) und zeigt nur selten (wie Agr. 30. A. II, 88. IV, 72) einen offenen Sinn für fremdes Unabhängigkeitsgefühl.

2. Von den drei möglichen Verfassungen (cunctas nationes et urbes populus aut primores aut singuli regunt, A. IV, 33) ist die republikanische entschieden die freiheitlichere (A. VI, 42), aber im Interesse des inneren Friedens (Dial. 36. Hist. I, 1) und in Folge der Gesunkenheit der Zeit (H. II, 37) sowie der ungeheuern Ausdehnung des Reichs (H. II, 38) zur Unmöglichkeit und die Monarchie zur Nothwendigkeit geworden (H. I, 16). Dem gegenüber muss der Einzelne sich resignieren, Dinge und Menschen nehmen wie sie sind (z. B. bonos imperatores voto expetere, qualescumque tolerare, H. IV, 8 vgl. 74) und durch die schwierigen Verhältnisse mit Klugheit sich so hindurchzuwinden suchen dass er weder seine Ehre offen schädigt noch auch sich ernstlichen Gefahren aussetzt, einen Mittelweg einschlägt inter abruptam contumaciam et deforme obsequium (A. IV, 20). Männer welchen dies gelungen war, gemässigte Liberale welche dem Bestehenden „Rechnung trugen", ihrem Freisinn Zügel anlegten (modum et temperamentum adhibere, Dial. 41. A. IV, 20), non contumacia atque inani iactatione libertatis famam fatumque provocabant (Agr. 42), utilia honestis miscebant (Agr. 8), finden daher bei Tacitus volle Anerkennung; so Man. Lepidus (A. IV, 20), L. Piso (A. VI, 10), C. Cassius (A. XII, 12. XIV, 43), Agricola (Agr. 8. 42). Dagegen Männer wie Helvidius Priscus (H. IV, 6) und Paetus Thrasea (A. XIV, 12) sind nicht nach seinem Herzen; er setzt zwar niemals Solche herunter welche für ihre Überzeugungen zu sterben wissen (vgl. A. IV, 34 f. XV, 57. XVI, 16), aber es ist doch als fühlte er dass neben solchen Männern der That die Männer der heimlichen Feder nicht gerade glänzend dastehen. Im Ganzen handelte er nach dem Worte des erfahrenen Seneca (Ep. 14, 7): sapiens numquam potentium iras provocabit, immo declinabit, non aliter quam in navigando procellam. (ib. 8:) sapiens nocituram potentiam vitat, hoc primum cavens ne vitare videatur. pars enim securitatis et in hoc est non ex professo eam fugere, quia quæ quis fugit damnat. Während aber Seneca nach dem Tode des Claudius seiner innerlichen Frivolität durch eine scurrile Spottschrift Luft machte, so schlug Tacitus nach dem Tode des Domitian den stolzen Mantel des Weltrichters um seinen lange verhaltenen Groll.

3. Der Anblick wie der Despotismus mit fatalistischer Gewalt um sich greift und das Edelste, wenn es ihm in den Weg tritt, zermalmt wird, während der welcher tausendmal den Tod verdient hätte spät oder nie von der Rache ereilt wird, macht den Geschichtschreiber oft irre an der göttlichen Gerechtigkeit; er sucht in der tiefen Nacht nach einer Götterhand die ihn ans Licht leite und findet keine. Was er sieht lässt ihn nur auf Gleichgültigkeit oder gar Grollen der Götter gegen die Menschheit schliessen. H. I, 3: adprobatum est non esse curæ deis securitatem nostram, esse ultionem. II, 38: eadem illos deum ira, eadem hominum rabies, eædem scelerum causæ in discordiam egere. III, 72: propitiis.

6

si per. morus neutros lionret, dein. A. IV, 1: deam ira in rem Rom. XVI, 39: dolabris deum erga bona malaque documenta. XIV, 12: quam (prodigia) adeo sine cura ... eveniebant ut multos post annos Nero imperium et scelera continuaverit. Bei dieser Ansicht aber die Prodigien thut Tacitus auch selten ihrer Erwähnung. Nur in den Hist. (z. B. III, 56) und den letzten Büchern der Ann. thut er es manchmal, vielleicht veranlasst durch die Quelle der er dort folgte (der ältere Plinius? Nipperdey, Rhein. Mus. XVII. S. 489 f.). Ein philosophisches System hat übrigens Tacitus nicht; am häufigsten trifft er jedoch in seiner Weltanschauung mit der Ethik der Stoa zusammen.

4. Literatur über die politischen und religiösen Ansichten des Tacitus. Süvern S. 128 ff. C. Hoffmeister, Weltanschauung des Tac. S. 13 ff. 78 ff. C. Zell, Feriensschriften III. S. 67—129 (Tac. als Staatsmann in seinem praktischen Leben). Kirschbaum, quid Tac. senserit de rebus publicis, Jena 1856. F. Haase, præf. p. XXX—XLIX. C. Nipperdey, Ausg. der Ann. S. XII—XVI. Stäudlin, über die Philosophie und Denkart des Tac., in Cons' Beiträgen 1786. S. 144 ff. und in Stäudlin's Geschichte des Skepticismus II. S. 297 ff. J. Kynaston, de impietate Tacito falso obiectata, Oxford 1761. 4. J. C. Wolf, de divina mundi moderatione e mente Taciti, Fulda 1830. F. H. A. Haage, Tac. ab impietatis crimine vindicatus, ad Hist. I, 3. Lüneburg 1840. 4. F. A. Scharpff, Darstellung der politischen und religiösen Ansichten des Tac., Rottweil 1843. 4. Kahlert, Taciti sententiæ de diis et deorum regimine, Breslau 1844, Neustadt 1847. 4. Fabian, quid Tac. de numine divino iudicaverit, Bresl. 1852. J. Baumann, in Jahn's Jahrbb. LXXIX. S. 257—281. J. G. Pfaff, die Ansichten des Tac. über das sittlich Gute, Marburg 1858. 200 S. 8.

2. Als Geschichtschreiber sucht Tacitus vor Allem das Thatsächliche zu ermitteln. Er folgt den besten Quellen, ohne sie aber häufig zu nennen, und sichtet sie mit strengem Urteil. Das Ergebniss seiner gewissenhaften Prüfung spricht er unverhohlen aus, seine eigene Ansicht meist nur durch die Färbung seiner Ausdrücke verrathend. Seine Behandlung des Stoffes ist eine pragmatische: er sucht mit Eifer nach den Ursachen des Geschehenen und findet sie theils in den Verhältnissen, theils in den Menschen. Jene erkennt er bald als fatalistisch nothwendige, bald als zufällige, ohne sich aber über das gegenseitige Verhältniss von Willensfreiheit, Zufall und Nothwendigkeit zu einer klaren festen Überzeugung hindurchzuarbeiten. Anziehender ist es ihm die psychologischen Zusammenhänge der Thatsachen zu ermitteln, und hierin, in der Charakterzeichnung und psychologischen Analyse, entwickelt Tacitus eine Meisterschaft ohne Gleichen. Dass er hiebei, in noch weit höherem Grade als Sallust, sich als schwarzsichtig zeigt ist sehr begreiflich aus der Zeit worin und den Gegenständen woran er seine Studien machte.

(H. III, 25. 29), Cluvius (A. XIII, 20, XIV, 2), Fabius Rusticus (A. XIII, 20, XIV, 2, XV, 61), Sisenna (H. III, 51). In der Regel aber spricht er nur im Allgemeinen von scriptores annalium (A. IV, 53), scriptores senatorumque eorundem temporum (A. II, 88), celeberrimi auctores (H. III, 51), plurimi maximeque fidi auctores (A. IV, 10), temporum illorum scriptores (A. XII, 67. XIII, 17), temporis eius auctores (A. V, 9 u. sonst), scriptores temporum qui monumenta huius belli composuerunt (H. II, 101), oder omnes, plerique, plurimi, multi, quidam, alii auctores tradunt. Auch auf mündliche Quellen beruft er sich nicht selten (A. III, 16: audire me memini ex senioribus; vgl. XI, 27. XV, 41. 73). Bei Differenzen unter seinen Gewährsmännern entscheidet er sich entweder für das Bestbeglaubigte oder für das innerlich Wahrscheinlichere; z. B. A. IV, 11: haec vulgo iactata, super id quod nullo auctore certo firmantur, prompte refutaveris (als sachlich unwahrscheinlich; vgl. XIV, 2). Häufig suspendiert er sein Urteil (H. II, 28. A. I, 81. V, 10. VI, 7. XIII, 20), anderswo aber stellt er das Ergebniss seines eigenen Nachdenkens oder Forschens den Berichten seiner Quellen gegenüber, (H. II, 101: scriptores .. tradiderunt. nobis videntur. A. II, 37: invenio apud quosdam auctores .. ego reor. Vgl. ib. VI, 7). Vgl. im Allgemeinen Meierotto, de fontibus quos Tac. .. videatur secutus, Leipz. u. Berl. 1795. fol. H. Justus, de fide Taciti, Zittau 1827. Bötticher lex. Tac. p. XIX—XXIII. R. E. Prutz, de fontibus quos in conscribendis rebus a Tiberio usque ad mortem Neronis gestis auctores secuti videantur, Halle 1838. Nipperdey vor seiner Ausg. der Annalen S. XVI—XVIII; auch die Specialschriften von Hirzel u. A. (oben S. 35 f. A. 3 u. 5). L. Schiller in Mützell's Ztschr. f. Gymn. VII. 1853. S. 280—291. Friedlieb, über Josephus, Tacitus, Sueton und Dio als Quellen zur Kenntniss christlicher Zustände, in Th. Wiedemann's östreich. Vierteljahrsschrift für kathol. Theologie I (1862). Reichau, de fontium delectu quem in Tiberii vita moribusque describendis Velleius, Tacitus, Suetonius, Dio habuerunt, Königsberg 1865.

2. Pragmatismus: ut non modo casus eventusque rerum, qui plerumque fortuiti sunt, sed ratio etiam causaeque noscantur (H. I, 4). Über das Verhältniss aber worin der Zufall zur menschlichen Freiheit und zur Nothwendigkeit des Fatums stehe äussert Tacitus widersprechende Ansichten; s. Süvern S. 126—134. Hoffmeister, Weltanschauung S. 114 f. 117—121. Nipperdey S. XII—XIV. Vgl. z. B. A. III, 18: mihi, quanto plura recentium seu veterum revolvo, tanto magis ludibria rerum mortalium cunctis in negotiis obversantur. IV, 20: dubitare cogor, fato et sorte nascendi .. an sit aliquid in nostris consiliis. V, 4: fatali quodam motu .. seu prava sollertia. VI, 22: mihi haec ac talia audienti in incerto iudicium est fatone res mortalium et necessitate immutabili an forte volvantur. Häufig stellt daher Tacitus die natürliche und die transcendentale Erklärung unvermittelt neben einander (z. B. Varus fato et vi Arminii cecidit, A. I, 55 vgl. Süvern S. 131, A. 2) oder den fatali-

6*

.... und den türkischen Ausdruck (z. B. ...... et tre dei, H. IV, 38. ....
S. 109 f.). Überwiegend aber entscheidet er sich für die ......ten Erklärungsgründe,
und nur wo er solche nicht klar erkennt denkt er an ein Einwirken des Fatums.

9. Der Despotismus bildet in seiner Umgebung eine Virtuosität der psychologischen
Beobachtung aus. Ausser Standes sich nach aussen auszuleben, wühlt sich das Individuum
um so tiefer in das eigene Innere ein; und darauf angewiesen aus den Mienen des Despoten
eigenes wie fremdes Schicksal herauszulesen gewinnt es Übung in der Symptomatik des
Seelenlebens und lernt es in den Irrgängen einer Menschenbrust sich zurechtzufinden. Diese
Virtuosität besitzt Tacitus in ganz ungewöhnlichem Grade. Es findet sich bei ihm eine
Unzahl feiner psychologischer Bemerkungen; z. B. A. IV, 3: neque femina amissa pudicitia
alia abnuerit. XIV, 4: facili feminarum credulitate ad gaudia. Agr. 42: proprium humani
ingeni est odisse quem læseris. A. XIV, 62: graviore odio, quia malorum facinorum
ministri quasi exprobrantes aspiciuntur. XII, 67: haud ignarus summa scelera incipi cum
periculo, peragi cum præmio. IV, 18: beneficia eo usque læta sunt dum videntur exsolvi
posse; ubi multum antevenere, pro gratia odium redditur. V, 2: facetiis acerbis, quarum
apud præpotentes in longum memoria est. XIV, 14: ut est vulgus cupiens voluptatum et
si eodem princeps trahat lætus. H. I, 56: quod in seditionibus accidit, unde plures erant
omnes fuere. II, 80: quæritur tempus, locus, quodque in re tali difficillimum est, prima
vox. Besonders aber hat Tacitus seine Stärke im Aufspüren der geheimsten Triebfedern
des Handelns, im Entlarven der Heuchelei, in anatomisch genauem Beschreiben der Zustände und Vorgänge der Seele, in feiner und treffender Charakteristik. Den Pompejus
z. B. zeichnet er mit drei Worten: post quos (Marius und Sulla) Cn. Pompeius, occultior,
non melior (H. II, 80); und berühmt ist namentlich seine Nachweisung wie Tiberius aus
einem ursprünglich guten Regenten allmählich zu einem vollendeten Scheusal geworden ist.
Vgl. u. A. W. Teuffel in Pauly's Real-Enc. VI, 2. S. 1938 f. F. F. Baur, de Tacitea Tiberii imagine, Tübingen 1856. 4. Der Pessimismus des Historikers zeigt sich jedoch auch
hiebei, indem er selbst im ersten Stadium des Tiberius seine unzweifelhaft guten Handlungen
nur als Heuchelei auffasst. Gerade aber weil es in der Zeit eines Domitian so leicht war
den Glauben an die Menschheit zu verlieren (wie Juvenal zeigt) ist es um so anerkennens-
werther dass Tacitus für das Edle und Grosse sich einen offenen Sinn bewahrt hat. Ein
entschiedener Liebling von ihm ist Germanicus; aber auch in niedrigeren Sphären hebt er
gern das Gute hervor (z. B. H. III, 23. IV, 50). Das gemütliche Interesse überwiegt sogar
über das historiographische und lässt den Tac. oft versäumen den sachlichen Zusammenhang
der Begebenheiten darzulegen. Bis zur Parteilichkeit geht aber jenes Interesse nicht; seinem
Vorsatze sine ira et studio (A. I, 1) zu schildern ist er, Alles in Allem gerechnet, treu geblieben. Vgl. auch Fechner, de Taciti historica arte iis conspicua quæ de Germanico et
Seiano memoriæ prodita sunt, Bromberg 1867. 4.

3. Der Gesamtton der Darstellung des Tacitus ist, entsprechend dem Gegenstande, ernst, kummütig, bitter. Der Geschichtschreiber hütet sich vor Allem was
seine wirkungsvolle Haltung beeinträchtigen könnte, offener Rhetorik wie leidenschaft-
lichen Ergüssen; wohl aber weiss er sie zu steigern durch künstlerische Sorgfalt
und Berechnung und durch eine ganz eigenthümliche Sprache. Eine Zeit lang schwan-
kend zwischen Mustern der classischen Zeit entscheidet sich diese schliesslich für
die poetisch gefärbte und pointierte Schreibweise der Gegenwart, doch so dass sie
mit ihrer epigrammatischen Prägnanz, Neuheit und Kühnheit die Eigenschaften der
silbernen Latinität noch steigert und darauf angelegt ist durch ihre Schwierigkeiten
den Leser zum Verweilen und Nachdenken zu nöthigen.

1. H. II, 50: ut conquirere fabulosa et fictis oblectare legentium animos procul gra-
vitate coepti operis crediderim, ita volgatis traditisque demere fidem non ausim. Auch
historische Excurse sind daher verhältnismässig selten, finden sich aber z. B. H. II, 3. 38.
IV, 83 f. V, 2 ff. A. III, 26 ff. (de principiis iuris). VI, 11 (præfecti urbis). 12 (libri
sibyllini). 16 (leges fenebres). 21 f. (Astrologie). Reden von dem Umfange derer im Agr.
kehren in den späteren Schriften gleichfalls nicht wieder; kürzere z. B. H. I, 83 f. II,
76 f. IV, 42. 58. 64 f. 73 f. A. I, 42 f. 58 f. II, 37 f. 71. III, 12. 50. IV, 34 f. 37 f.
V, 6. VI, 8; in or. obliqua A. II, 14 f. 45 f. Darlegung der Beweggründe des Handelns
in Rede und Gegenrede z. B. A. II, 76 f. Urkunden (bes. Briefe) A. III, 16. 53 f. IV, 39 f.
Um den Eindruck der Bedeutsamkeit nicht abzuschwächen unterlässt es Tac. auf Kleines
einzugehen; A. III, 65: exsequi sententias (Senatsabstimmungen) haud institui nisi insignes
per honestum aut notabili dedecore, quod præcipuum munus annalium reor ne virtutes
sileantur utque pravis dictis factisque ex posteritate et infamia metus sit. Vgl. XIII, 31 (cum
ex dignitate populi rom. repertum sit res illustres annalibus, talia diurnis urbis actis man-
dare). Dagegen VI, 7 extr.: nobis pleraque digna cognitu obvenere, quamquam ab aliis
incelebrata.

2. Leidenschaftlich wird Tacitus nie; diess wäre ein schwerer Verstoss gegen die
römisch-aristokratische Grandezza und würde ebenso wenig stimmen zu der Gedrücktheit
der Zeit in welcher er lebte und schrieb. Sein Ton ist daher bei aller Gehobenheit doch
zugleich gedämpft und lässt sich weder durch Hass noch Abscheu oder Verachtung über die
Linie des Masses hinausdrängen. Dagegen verschmäht er weder rhetorische noch poetische
Blumen, und namentlich an Vergil finden sich viele Anklänge; s. E. Wölfflin, Philologus
XXVI. S. 130—132. A. Dräger, Syntax u. Stil des Tac. S. 104—106.

3. Die Haupteigenthümlichkeiten des Stils von Tacitus sind (nach W. Bötticher) varie-
tas, brevitas, poeticus color. Dass diese nicht von Anfang an in gleichem Masse und gleicher
Weise vorhanden sind, überhaupt der Stil des Tac. erst in den Annalen die Höhe seiner

... ... hat, und dass er noch nach ... und Gegen... ... ... oder ...) manchfach variiert, ist schon ... ... im Einzelnen ... ... worden durch E. Wölfflin, Philologus XXV. S. 92—1... 133 f. Sonstige Literatur über Stil und Sprache des Tacitus: Lundblad (Lund 17...), J. G. Buhle (Braunschweig 1817), Günther im Athenäum II, 2. S. 262 ff. J. E. Wernicke, de elocutione Taciti, Thorn 1829. 4. 1830. 8. K. L. Roth, Tac. synonyma et per figuram ... Buch ... dicta, Nürnberg 1826. 4. und in den Excursen zu seiner Ausg. des Agricola. Buch vor dem zweiten Bd. seiner Ausgabe. W. Bötticher lexicon Taciteum, Berlin 1830. L. Döderlein, vor seiner Ausg. II. 1847. p. XXII—LVIII. Jungclaussen, de Tac. sermonis proprietate, Kiel 1848. 4. C. J. Grysar, Andeutungen über die Eigenthümlichkeiten in der Darstellung und Latinität des Tac., Zeitschr. f. Oestreich. Gymn. IV. 1853. S. 1—42. Ruperti vor seiner Ausg. der Ann. S. XX—XXIV. C. Göbel, de poetico Tacitei stili ..., Berlin 1859. 39 pp. 8. P. Joachim, nonnulla de elocutione Taciti, I. Görlitz 1862. 4. A. Gerber, de particularum quadam in sermone Taciti proprietate, Kaschau 1863. 4.; und De particula an, Pesth 1865. 4. U. Zernial, selecta quaedam capita ex ... usu Taciteo, Göttingen 1864. 96 pp. 8. F. Hüttemann, de usu subiunctivi relativi et absoluti apud Tacitum, Münster 1864. Ph. Spitta, de Tac. in componendis enuntiatis ratione, I. Göttingen 1866. 160 pp. 8. E. Wölfflin, ein verkannter Gräcismus bei Tac. (tanquam und quasi = ὡς), Philologus XXIV. S. 115—123. A. A. Dräger, die Syntax des Tac., Putbus 1865. 4. und: über Syntax und Stil des Tacitus, Leipzig 1868. XV und 107 S. 8.

4. Literatur über Tacitus im Allgemeinen. Meierotto de . . Taciti moribus, Berlin 1790. fol. Hegewisch, über den schriftstellerischen Charakter des T., in seinen historischen und liter. Aufsätzen (Kiel 1801) S. 70 ff. J. S. Gestrich, diss. de vita et scriptis Taciti, Lund 1805. W. Bötticher de vita, scriptis ac stilo Taciti, Berlin 1834. N. Bach, Corn. Tac:, eine biographische Untersuchung, Allg. Schulztg. 1831. II. Nr. 105—109; nebst den Nachträgen dazu Ebds. 1832. Nr. 129 f., auch vor seiner Ausgabe T. I. Conz, über die historische Kunst der Alten, im Museum für classische Literatur (Zürich 1795), S. 151 ff. Ancillon, Mélanges (Paris 1809) I. p. 239 ff. F. Roth, über Thukydides und Tacitus vergleichende Betrachtungen, München 1812. 4. = Sammlung etlicher Vorträge (Frankfurt 1851) S. 1 ff. Süvern, über den Kunstcharakter des T., in den Abhh. der Berl. Akad. 1822—23. (Berlin 1825) S. 73—136. K. Th. Welcker, Festreden u. s. w. (Freiburg 1828) S. 68 ff. K. Hoffmeister, die Weltanschauung des T., Essen 1831. Lerminier, Études d'histoire I. p. 188 ff. A. C. v. Heusde, comm. de Hooftio et Tacito, Gröningen 1838. 4. W. Bötticher, Prolegomena vor seinem Lexicon Taciteum (Berlin 1830) p. I—CII; Prophetische Stimmen aus Rom, oder das Christliche im Tac. u. s. w., Berl. 1840. 3 Thle. R. v. Bosse, über und wider T. den Geschichtschreiber, in Jahn's Jahrbb. Suppl. XI. S. 452—467. F. D. Gerlach, römische Geschichtschreiber (Stuttgart 1855)

S. 193—207. Th. Finck vor seiner Ausgabe der Germania (1857) S. 1—224. P. Dubois-Guchan, Tacite et son siècle, Paris 1862. 2 Bde. F. Savalète, Étude sur Tacite, Paris 1866. Dumon in der Biographie universelle XLIV. p. 165 ff. Nandet in Höfer's Nouvelle biographie générale XLIII. W. Teuffel in Pauly's Real-Enc. VI, 2. S. 1568—1578. Nipperdey (S. III—XXIV) und F. Haase vor ihren Ausgaben. Bernhardy, röm. Literaturgeschichte, 4te Auflage, S. 689—702.

Zu S. 22, A. 1. Im Med. I ist die Überschrift P. Cornelii Taciti von moderner Hand; die Subscriptionen haben nur P. Corneli, und auch diese theilweise von späterer Hand. W. Studemund, Eos II. S. 224 f. vgl. L. Urlichs, ebds. II. S. 227. I. S. 246.